Testbuch

Mit Erfolg zum
Goethe-/ÖSD-Zertifikat B1
für Jugendliche

von

Gabriella Montali
Daniela Mandelli
Nadja Czernohous Linzi

Alles Digitale zu diesem Buch kann auf der Lernplattform
allango von Ernst Klett Sprachen abgerufen werden. So geht's:

QR-Code scannen oder **www.allango.net** aufrufen	Buchtitel oder ISBN in der Suche eingeben und auf das Buchcover klicken	Zum Inhalt navigieren, direkt abrufen oder speichern

Zu diesem Buch auf allango verfügbar: **Audios**.

Ernst Klett Sprachen
Stuttgart

Mit Erfolg zum

Goethe-/ÖSD-Zertifikat B1

für Jugendliche

Testbuch

von
Gabriella Montali
Daniela Mandelli
Nadja Czernohous Linzi

1. Auflage   7 | 2026

Alle Drucke dieser Auflage sind unverändert und können im Unterricht nebeneinander verwendet werden.
Die letzte Zahl bezeichnet das Jahr des Druckes. Das Werk und seine Teile sind urheberrechtlich geschützt.
Jede Nutzung in anderen als den gesetzlich zugelassenen Fällen bedarf der vorherigen schriftlichen Einwilligung
des Verlags.

Redaktion: Coleen Clement, Berlin
Layoutkonzeption: Anastasia Raftaki
Herstellung: Anastasia Raftaki
Gestaltung und Satz: Regina Krawatzki, Stuttgart
Illustrationen: Janni Spennhoff, Barcelona
Umschlaggestaltung: Julia Eden
Druck und Bindung: Salzland Druck, Staßfurt

Printed in Germany
ISBN 978-3-12-676820-7

Inhalt

Vorwort

Dieses Testbuch „Mit Erfolg zum Goethe- / ÖSD-Zertifikat B1 für Jugendliche" soll dich bei der Vorbereitung auf die B1-Prüfung „Zertifikat B1" unterstützen. Es ist sowohl zum Selbststudium als auch für die Prüfungsvorbereitung im Rahmen von Sprachkursen geeignet.

Die Prüfung wurde gemeinsam vom Goethe-Institut (Deutschland), dem Österreichischen Sprachdiplom Deutsch (ÖSD) und dem Lern- und Forschungszentrum Fremdsprachen der Universität Fribourg (Schweiz) entwickelt. Du kannst die Prüfung an einem Prüfungszentrum des Goethe-Instituts (Goethe-Zertifikat B1) oder an einem Zentrum des ÖSD (ÖSD Zertifikat B1) ablegen. Die Deutschprüfung für Jugendliche richtet sich an Jugendliche zwischen 12 und 16 Jahren.

Im vorliegenden Testbuch findest du fünf Modelltests, mit denen du gezielt üben und die Prüfung simulieren kannst. In den Tests kommen alle prüfungsrelevanten Themen vor, so dass du neben dem Prüfungsformat auch den nötigen Wortschatz kennenlernst.
Alle Tests entsprechen dem Umfang einer Originalprüfung. Du übst also gleichzeitig auch, die Prüfungsaufgaben in der dafür vorgesehenen Zeit zu lösen. Die jeweiligen Zeitangaben findest du bei den Aufgaben.

Viel Erfolg bei der Prüfung wünschen dir

die Autoren und der Verlag

Die Prüfung

Die Prüfung „Zertifikat B1" besteht aus vier Teilen: einer schriftlichen Gruppenprüfung zum Lesen, Hören und Schreiben und einer mündlichen Prüfung, die in der Regel als Paarprüfung, in Einzelfällen als Einzelprüfung durchgeführt wird.

Du kannst jeden Prüfungsteil einzeln oder in jeder Kombination an einem Prüfungstag ablegen. Nicht bestandene Module können innerhalb eines Jahres beliebig oft wiederholt werden.

Was wird geprüft?

	Lesen 65 Minuten	Aufgaben
Teil 1	In einem Blogbeitrag die Hauptaussagen und Einzelheiten verstehen	6
Teil 2	In zwei Kurztexten aus Zeitungen oder Zeitschriften die Hauptaussagen und Einzelheiten verstehen	6
Teil 3	Zu konkreten Situationen passende Anzeigen finden	7
Teil 4	In kurzen Leserbriefen die Meinung erkennen	7
Teil 5	In Anweisungen wichtige Einzelheiten verstehen	4
	Hören circa 40 Minuten	Aufgaben
Teil 1	Ansagen, Durchsagen, Radionachrichten verstehen	10
Teil 2	Einen Vortrag verstehen	5
Teil 3	Ein Gespräch verstehen	7
Teil 4	Eine Diskussion im Radio verfolgen	8
	Schreiben 60 Minuten	Aufgaben
Teil 1	Eine persönliche E-Mail schreiben	1
Teil 2	In einem Forumsbeitrag oder Gästebucheintrag die eigene Meinung äußern	1
Teil 3	Eine halbformelle E-Mail schreiben	1
	Sprechen (Paarprüfung) 15 Minuten	Aufgaben
Teil 1	Gemeinsam etwas planen	1
Teil 2	Ein Thema präsentieren	1
Teil 3	Über das Thema sprechen (Fragen stellen, Fragen beantworten und Feedback geben)	1

Bewertung

In jedem Modul sind maximal 100 Punkte erreichbar. Ein Modul ist bestanden, wenn 60 Punkte bzw. 60 Prozent erreicht sind.

Nach bestandener Prüfung erhältst du eine Zeugnisurkunde mit dem Nachweis deiner Prüfungsergebnisse. Das Zeugnis weist die in jedem Modul erreichte Punktzahl aus. Das Ergebnis pro Modul ist folgendermaßen zu interpretieren:

	Punkte = Prozent
Sehr gut	100 – 90
Gut	89 – 80
Befriedigend	79 – 70
Ausreichend	69 – 60

Für die Module *Lesen* und *Hören* wird die Stufe B1 bestätigt, wenn die Teilnehmenden mindestens 18 von 30 Aufgaben richtig gelöst haben. Für die Module *Schreiben* und *Sprechen* müssen mindestens 60 Prozent der möglichen Punktzahl erreicht sein, damit die Stufe B1 bestätigt werden kann.

Tipps zur Vorbereitung

Lesen
Dank des Internets stehen dir überall auf der Welt die Textsorten der Prüfung zur Verfügung. Lies regelmäßig Blog- und Forumsbeiträge, Kommentare und kürzere Zeitungsartikel. Lies immer zuerst ohne Wörterbuch und versuche zu verstehen, worum es in den Texten allgemein geht. Danach kannst du dir wichtige Wörter notieren und sie lernen.

Hören
Hör so oft wie möglich deutschsprachige Radiosendungen und schau dir deutsche, österreichische und schweizerische Fernsehsendungen an.

Schreiben
Schreiben ist eine Frage der Übung. Wenn du an einem Deutschkurs teilnimmst, schreibe regelmäßig kürzere Texte, wie sie in der Prüfung verlangt werden. Bitte deine Lehrerin / deinen Lehrer, diese zu korrigieren.

Sprechen
Auch Sprechen ist eine Frage der Übung: Je mehr du sprichst, desto leichter wird es!
Kontakt zu Jugendlichen aus deutschsprachigen Ländern wäre hier natürlich am besten. Auf jeden Fall solltest du aber im Deutschkurs konsequent nur Deutsch sprechen.

Ein umfassendes Trainingsprogramm mit weiteren Tipps zur Vorbereitung bietet dir das Übungsbuch „Mit Erfolg zum Goethe- / ÖSD-Zertifikat B1".

Weitere Informationen zur Prüfung findest du auch unter: *www.goethe.de* und *www.osd.at*

Thematischer Überblick

Modelltest 1

Leseverstehen	Hörverstehen	Schreiben	Sprechen
1. Blog: *Bericht nach einem Umzug*	1. Durchsagen, Nachrichten und Ansagen	1. E-Mail über Ausflug ans Meer	1. Gemeinsam etwas planen: *Müllsammelaktion*
2. Zeitungsartikel a. *Afghanische Läuferin bei Leichtathletik-WM* b. *Schnellzüge*	2. Anweisungen zum Snowboarden	2. Diskussionsforum: *Elektronische Bücher*	2. Ein Thema präsentieren und darauf reagieren: *Ferien mit den Eltern?*
3. Anzeigen zum Thema: *Urlaub*	3. Gespräch zum Thema: *Advents- und Weihnachtszeit*	3. Formelle Mail: *Absage einer privaten Einladung*	3. Ein Thema präsentieren und darauf reagieren: *Haustiere in der Wohnung?*
4. Leserbriefe zum Thema: *Soziale Netzwerke*	4. Diskussion über *Schönheits-operationen*		
5. Hallenordnung einer Kampfsport- und Kletterhalle			

Modelltest 2

Leseverstehen	Hörverstehen	Schreiben	Sprechen
1. Blog: *Bericht über eine Geburtstagsparty*	1. Durchsagen, Nachrichten und Ansagen	1. E-Mail über den Urlaub	1. Gemeinsam etwas planen: *Ein Wochenende im Gebirge*
2. Zeitungsartikel a. *Die Hochzeitstorte* b. *Umweltschutz*	2. Anweisungen des Bademeisters im Schwimmbad	2. Diskussionsforum: *Vegetarische Küche*	2. Ein Thema präsentieren und darauf reagieren: *Wie kann man umweltfreundlich leben?*
3. Anzeigen zum Thema: *Freizeitbeschäftigungen in der kalten Jahreszeit*	3. Gespräch zum Thema: *Mode*	3. Formelle Mail: *Absage einer Einladung*	3. Ein Thema präsentieren und darauf reagieren: *Ist man gesünder, wenn man Sport treibt?*
4. Leserbriefe zum Thema: *Haustiere*	4. Diskussion über *die Zukunft von Büchern*		
5. Hausordnung eines Jugendhotels			

Thematischer Überblick

Modelltest 3

Leseverstehen	Hörverstehen	Schreiben	Sprechen
1. Blog: *Bericht über einen Austausch*	1. Durchsagen, Nachrichten und Ansagen	1. E-Mail über den neuen Klassensprecher	1. Gemeinsam etwas planen: *Die Abschlussreise*
2. Zeitungsartikel a. *Die Rechte der Schüler* b. *Die Popakademie Mannheim*	2. Anweisungen zur Abifeier	2. Diskussionsforum: *Tattoos*	2. Ein Thema präsentieren und darauf reagieren: *Mit 16 kein Taschengeld mehr?*
3. Anzeigen zum Thema: *Zukunftspläne*	3. Gespräch zum Thema: *Probleme in der Schule*	3. Formelle Mail: *Eine Bitte an die Englischlehrerin*	3. Ein Thema präsentieren und darauf reagieren: *Ein Schuljahr im Ausland verbringen?*
4. Leserbriefe zum Thema: *Schülerzeitung nur noch online?*	4. Diskussion über *Umweltschutz*		
5. Informationen zu einem Museum			

Modelltest 4

Leseverstehen	Hörverstehen	Schreiben	Sprechen
1. Blog: *Zukunftspläne nach dem Abitur*	1. Durchsagen, Nachrichten und Ansagen	1. E-Mail über Austauscherfahrung	1. Gemeinsam etwas planen: *Spendenaktion für die Partnerschule in Namibia*
2. Zeitungsartikel a. *Freiwilligendienst* b. *Der Erfinder des Döner Kebab*	2. Anweisungen zum *Martinsumzug*	2. Diskussionsforum: *Mobbing in der Schule*	2. Ein Thema präsentieren und darauf reagieren: *Am Computer sein, wann und wie lange man will?*
3. Anzeigen zum Thema: *Veranstaltungen am Wochenende*	3. Gespräch zum Thema: *Fernseher im Zimmer*	3. Formelle Mail: *Absage bei Sportveranstaltung*	3. Ein Thema präsentieren und darauf reagieren: *Sich allein für seine berufliche Zukunft entscheiden?*
4. Leserbriefe zum Thema: *Wie wichtig ist Mode?*	4. Diskussion über *ein Schuljahr im Ausland*		
5. Informationen zu einem Sprachkurs			

Modelltest 5

Leseverstehen	Hörverstehen	Schreiben	Sprechen
1. Blog: *Bericht über eine junge Menschenrechtsaktivistin*	1. Durchsagen, Nachrichten und Ansagen	1. E-Mail über den Silvesterabend	1. Gemeinsam etwas planen: *Ein Geschenk für die Lieblingslehrerin der Klasse kaufen*

2. Zeitungsartikel
  a. *Kunstwerke aus Büchern*
  b. *Poetry Slam*
	2. Anweisungen zum Klettern im Hochseilgarten	2. Diskussionsforum: *Extremsport*	2. Ein Thema präsentieren und darauf reagieren: *Fernsehen beim Abendessen?*

3. Anzeigen zum Thema: *Umwelt*	3. Gespräch zum Thema: *Ferien mit Freunden*	3. Formelle Mail: *Absage von Trainingswochenende*	3. Ein Thema präsentieren und darauf reagieren: *Wie viel Ordnung muss zu Hause sein?*
4. Leserbriefe zum Thema: *Junkfood*	4. Diskussion über *Handyverbot an Schulen*		
5. Aus der Ordnung zur Benutzung einer Schwimmhalle			

Modelltest 1

Lesen

65 Minuten

Das Modul *Lesen* hat fünf Teile.
Du liest mehrere Texte und löst Aufgaben dazu. Du kannst mit jeder Aufgabe beginnen.
Für jede Aufgabe gibt es nur eine richtige Lösung.
Vergiss bitte nicht, deine Lösungen innerhalb der Prüfungszeit auf den **Antwortbogen** zu schreiben.
Bitte schreibe deutlich und verwende keinen Bleistift.
Hilfsmittel wie z.B. Wörterbücher oder Mobiltelefone sind nicht erlaubt.

Teil 1   Arbeitszeit: etwa 10 Minuten

Lies den Text und die Aufgaben 1 bis 6 dazu.
Wähle: Sind die Aussagen Richtig oder Falsch ?

Ninas Blog: Von Böblingen nach Berlin

Dienstag, 25. November

Hallo an alle, die mich kennen!

Seit ich mit meiner Familie nach Berlin umgezogen bin, sind schon drei Monate vergangen. So langsam kenne ich mich hier ein wenig aus, aber klar, es ist nicht einfach, sich in einer so großen Stadt wie Berlin zu orientieren. Es gibt immer noch vieles, was mir unbekannt ist.

Außerdem ist der Kontakt zu den meisten Mitschülerinnen und Mitschülern in meiner Klasse nicht sehr intensiv, obwohl niemand unsympathisch wirkt. Ich kenne sie einfach noch nicht gut genug. Ich denke, das braucht noch etwas Zeit. Am besten verstehe ich mich mit Kamilla, sie ist auch in meiner Klasse und total nett. Wir sind für nächste Woche verabredet und wollen ins Kino gehen. Die Kinos in Berlin, sind schon etwas Besonderes! Wenn man aus einem kleinen Ort wie Böblingen kommt, kann man es kaum glauben, dass es in einer Stadt so viele und so unterschiedliche Kinos gibt. Manche sind zwar recht klein, aber sie haben eine ganz spezielle Atmosphäre. Es sind sogenannte Programmkinos und oft laufen dort Filme, die in den normalen Kinos gar nicht gezeigt werden.

Was toll an Berlin ist, sind die öffentlichen Verkehrsmittel, mit denen die verschiedenen Stadtteile problemlos erreichbar sind. Mir gefallen allerdings am besten die vielen Fahrradwege! Mit dem Rad ist man schnell unterwegs, es kostet nichts, man bewegt sich, verschmutzt die Luft nicht und bekommt echt viel von der Stadt mit!

Mit dem Fahrrad lässt sich auch das Umland von Berlin schnell erkunden. Wir haben schon zwei kleine Fahrradtouren unternommen und eine längere, mit einer Übernachtung in der Nähe von Berlin. Das hat voll Spaß gemacht!

Im Umland von Berlin gibt es sowieso viel zu entdecken – Kamilla hat mir neulich erzählt, dass sie im letzten Sommer zum ersten Mal eine Paddeltour gemacht hat. Man muss also kein Experte sein, um so eine Kanu- oder Kajak-Tour machen zu können. Man zeltet auf Campingplätzen und paddelt jeden Tag etwa 15 Kilometer. Das möchte ich in den Sommerferien auch unbedingt machen!

So, das war´s für heute – bald mehr Infos aus Berlin ☺!

Nina

Beispiel

0 Nina kennt sich in Berlin gut aus. `Richtig` `Falsch̶`

1 Nina hat den Eindruck, dass ihre Mitschülerinnen und Mitschüler nett sind. `Richtig` `Falsch`

2 Kamilla hat Nina nächste Woche ins Kino eingeladen. `Richtig` `Falsch`

3 Viele Kinos in Berlin sind klein. `Richtig` `Falsch`

4 Mit dem Rad ist man in Berlin schneller unterwegs als mit den öffentlichen Verkehrsmitteln. `Richtig` `Falsch`

5 Nina findet, dass das Radfahren viele Vorteile hat. `Richtig` `Falsch`

6 Kamilla kann gut paddeln. `Richtig` `Falsch`

Modelltest 1

Teil 2   Arbeitszeit: etwa 20 Minuten

Lies den Text aus der Presse und die Aufgaben 7 bis 9 dazu.
Wähle bei jeder Aufgabe die richtige Lösung a , b oder c .

Läuferin aus Afghanistan sprintet bei der Leichtathletik-WM

PARIS – Die 23-jährige Lima Azimi aus Kabul nahm erstmalig an einem offiziellen 100-m-Lauf teil.

Zwar hatte die junge Frau für die 100 Meter 18,37 Sekunden benötigt, aber sie ist die erste afghanische Frau, die bei einer Leichtathletik-Weltmeisterschaft am Start war. Was vor noch nicht allzu langer Zeit undenkbar gewesen wäre, wurde in Paris Wirklichkeit. „Gelaufen bin ich in langer Trainingshose, eine kurze Hose lässt unsere Tradition nicht zu", sagt Azimi, die vor einigen Tagen zum ersten Mal in ihrem Leben Kabul verließ und deren Geschichte wie ein Märchen klingt.
Ob sie verrückt sei, musste sich Azimi fragen lassen, als die Studentin (Englisch und Literatur) eines Tages nach Hause kam und ihrer Familie erzählte, sie sei vom Sportverband des Landes dafür ausgewählt worden, Afghanistan bei der WM in Paris zu repräsentieren.
„Eigentlich habe ich ja Volleyball gespielt", erzählte sie. „Aber bei den Wettbewerben zu Auswahl bin ich immer am schnellsten gelaufen."
Die Afghanin ist nach dem Ausscheiden aus dem 100-m-Lauf noch einige Tage in Paris geblieben. „Die WM und die Stadt waren wunderbar, aber ich glaube, ich werde meinen Eltern nicht erzählen, dass ich so langsam war."

Aus einer deutschen Zeitung,
gekürzt und verändert

Beispiel
0 Lima Azimi . . .

☒ war bisher nicht verreist.

b reist oft.

c möchte in Paris bleiben.

7 In diesem Text geht es darum,

a dass eine Favoritin enttäuscht hat.

b dass bei der WM eine Läuferin aus Afghanistan teilgenommen hat.

c dass eine Zeit von 18,37 Sekunden gelaufen wurde.

8 Lima Azimi . . .

a ist Profi-Sportlerin.

b war beim Lauf wie die anderen Athletinnen gekleidet.

c hat die WM gefallen.

**9 Der afghanische Sportverband
    hat Azimi nach Paris geschickt,**

a weil sie gute Sprachkenntnisse hat.

b weil sie bei Testläufen schneller war als andere Frauen.

c weil sie als Volleyballspielerin sehr sportlich ist.

Lies den Text aus der Presse und die Aufgaben 10 bis 12 dazu.
Wähle bei jeder Aufgabe die richtige Lösung a , b oder c .

Das Zeitalter der Schnellzüge

1981 begann in Frankreich das Zeitalter der Hochgeschwindigkeitszüge mit dem 260 Stundenkilometer schnellen TGV von Paris nach Lyon. Seine Höchstgeschwindigkeit, aufgestellt auf einer Probefahrt ohne Passagiere, lag im Jahr 1990 schon bei 515 Stundenkilometern. Im normalen, fahrplanmäßigen Betrieb liegt aber die Höchstgeschwindigkeit bei 299 Stundenkilometern, die Durchschnittsgeschwindigkeit beträgt 212 Stundenkilometer. Solche Geschwindigkeiten waren bei Zügen bis dahin undenkbar.

Noch schneller fahren die japanischen Eisenbahnen auf der Strecke zwischen Tokio und Osaka, nämlich über Tempo 300. Auch die deutschen Intercity-Express-Züge (ICE) können eine Spitzengeschwindigkeit bis zu 300 Stundenkilometer erreichen. Die Reisegeschwindigkeit ist jedoch in der Regel erheblich geringer.

Die ersten ICE-Züge fuhren in Deutschland im Juni 1991. Das war der Anfang einer erfolgreichen Geschichte des ICE. Zu dieser Zeit war die neue Generation von Hochgeschwindigkeitszügen in Deutschland eine technische Revolution. Mit vielen durchdachten Details und digitaler Technik wurden neue Maßstäbe für den modernen Bahnverkehr gesetzt.

Mit dem schnellsten ICE-Zug, dem ICE Sprinter, soll auf einer neuen Bahnstrecke zwischen Berlin und München die Fahrt zukünftig nur noch 3 Stunden und 55 Minuten dauern. Damit könnte diese Zugverbindung sogar Flugreisen Konkurrenz machen.

Aus einer deutschen Zeitung

10 In diesem Text geht es um ...

a die Entwicklung der Schnellzüge.

b die Geschichte der Bahn.

c die Konkurrenz zwischen den internationalen Bahngesellschaften.

11 Der französische TGV ist ...

a der schnellste Hochgeschwindigkeitszug.

b der modernste Hochgeschwindigkeitszug.

c der erste Hochgeschwindigkeitszug.

12 Deutsche ICE-Züge sind ...

a schneller als die französischen TGVs.

b technisch hochentwickelt.

c schneller als Flugzeuge.

Modelltest 1

Lesen

Teil 3   Arbeitszeit: etwa 10 Minuten

Lies zuerst die Situationen Nr. 13 bis 19 und die Anzeigen a bis j aus verschiedenen deutschsprachigen Medien. Wähle: Welche Anzeige passt zu welcher Situation? Du kannst **jede Anzeige nur einmal** verwenden. Für **eine** Situation gibt es **keine passende Anzeige**. In diesem Fall schreibe **0**.

Jugendliche suchen passende Urlaubsmöglichkeiten.

Beispiel

0   Du möchtest in Deutschland am Meer zelten.   Anzeige: g

13 Peter (17) möchte per Rad Sizilien erkunden und sucht Informationen.   Anzeige: ....

14 Pina (14) möchte auch im Sommer Ski fahren.   Anzeige: ....

15 Julian (16) mag Extremsport und möchte eine neue Sportart ausprobieren.   Anzeige: ....

16 Leonie (15) möchte mit anderen Jugendlichen eine Fernreise machen
       und dabei viel erleben.   Anzeige: ....

17 Niklas (14) möchte mit seinen Großeltern in den Herbstferien
       einen Badeurlaub machen.   Anzeige: ....

18 Irina (17) möchte in den Ferien in einer deutschen Stadt intensiv Deutsch lernen.   Anzeige: ....

19 Tim (13) will in den Sommerferien eine Woche voller Abenteuer erleben.   Anzeige: ....

a

Erleben Sie die Wildnis!

In unserem Camp zeigen wir Ihnen in zwei Tagen alles, was Sie zum Überleben in der freien Natur brauchen, z. B.: Orientierung und Nahrungssuche im Wald, Errichten eines Lagers, Feuermachen ohne Hilfsmittel. Lassen Sie die Zivilisation doch mal für ein Wochenende hinter sich!

www.suvivalcamp.at

b

Wo man jetzt noch Sonne und ~~Wärme tanken kann?~~ –
Fliegen Sie doch einfach nach Alanya!

Wir bieten Ihnen eine Woche Übernachtung mit Halbpension in einem Vier-Sterne-Hotel gleich hinter dem Kleopatra-Strand. Inkl. Flug bereits ab 450 €. Beratung und Buchung: www.alanya_reisen.com

Modelltest 1

Teil 4   Arbeitszeit: 15 Minuten

Lies die Texte 20 bis 26. Ist die Person **für soziale Netzwerke**?

Beispiel
0 Lea   ☒ Ja   ☐ Nein

20 Felix   ☐ Ja   ☐ Nein

21 Jan   ☐ Ja   ☐ Nein

22 Anna   ☐ Ja   ☐ Nein

23 Andreas   ☐ Ja   ☐ Nein

24 Sophie   ☐ Ja   ☐ Nein

25 Thomas   ☐ Ja   ☐ Nein

26 Lina   ☐ Ja   ☐ Nein

Leserbriefe

Beispiel
0 Ich wohne auf dem Land, 35 km von Bonn entfernt. Für mich sind soziale Netzwerke leider die einzige Möglichkeit, um mich intensiv mit Schulkameraden und Freunden auszutauschen. Ich bin deswegen froh, dass es sie gibt.

Lea, 15, Bonn

20 Ich bin der Einzige in meiner Klasse, der nicht bei Facebook ist. Wenn ich mit meinen Freunden sprechen will, treffe ich mich mit ihnen immer noch am liebsten im Jugendzentrum oder in einem Café. Bei Facebook nennen sich alle „Freunde", aber in Wirklichkeit sind die meisten Mitglieder Menschen, die sich selbst und den anderen etwas vormachen.

Felix, 16, Berlin

21 Es kommt darauf an, wozu man soziale Netzwerke verwendet. Ich benutze Facebook, um mich mit meinen Freunden zu treffen oder sehr schnell Informationen zu bekommen. In diesem Sinne sind soziale Netzwerke sehr nützlich und auch praktisch. Ich würde aber auf keinen Fall enge Beziehungen zu anderen Menschen auf Facebook pflegen. Alles in allem bin ich aber der Meinung, dass soziale Netzwerke unser Leben erleichtern.

Jan, 22, München

22 Vor zwei Jahren verbrachte ich fast jeden Tag zwei Stunden bei Facebook. Ich hatte so viele Freunde ... Aber seitdem eine Freundin von mir dort gemobbt wurde, bin ich dieser Kommunikationsform gegenüber vorsichtiger und skeptischer geworden. Inzwischen bin ich kaum noch in sozialen Netzwerken aktiv.

Anna, 17, Wien

23 Um mich mit Freunden zu treffen, benutze ich lieber das Telefon oder schreibe eine SMS. Vor 15 Jahren gab es noch keine sozialen Netzwerke und ich persönlich bin auch ohne gut ausgekommen. Ich bin der Meinung, dass soziale Netzwerke die zwischenmenschlichen Beziehungen eher verschlechtert haben.

Andreas, 35, Hamburg

24 Ich habe über Facebook Menschen wiedergefunden, die ich 10 oder 15 Jahre nicht gesehen habe. Die ganzen Jahre über habe ich mich gefragt, was wohl aus ihnen geworden ist, und dann finde ich sie im Netz wieder, alte Klassenkameraden, alte Spielkameraden ... Ich fand es toll, sie einfach mal über Facebook zu kontaktieren. Vor zwanzig Jahren und ohne soziale Netzwerke wäre das nicht möglich gewesen.

Sophie, 28, Dresden

25 Berufliche Chancen lassen sich durch Aktivitäten in *Social Networks* erheblich verbessern, wenn man es geschickt anstellt. In den Massenmedien wird gerne über die Gefahren des *Social Web* berichtet. An allen Ecken und Enden wird vor den Risiken gewarnt. Sicher gibt es Risiken und Nachteile, aber wie überall im Leben kommt es darauf an, wie man ein Werkzeug oder eine Plattform nutzt.

Thomas, 45, Aachen

26 Ob ich soziale Netzwerke nützlich finde? Ganz im Gegenteil! Sie können einen Menschen ruinieren. Seitdem ich wegen eines Fotos auf Facebook meinen Job verloren habe, habe ich mich bei Facebook abgemeldet und will nichts mehr damit zu tun haben. Mein privates Leben soll eben privat bleiben und niemand darf ohne meine Erlaubnis Fotos von mir veröffentlichen!

Lina, 19, Koblenz

Modelltest 1

Lesen

Teil 5   Arbeitszeit: 10 Minuten

Lies die Aufgaben 27 bis 30 und den Text dazu.
Wähle bei jeder Aufgabe die richtige Lösung a , b oder c .

Du möchtest an einem Hallenkletterkurs teilnehmen und sollst mit deiner Unterschrift bestätigen, dass du die Hallenregeln gelesen hast.

27 Man darf in der Halle . . .

a   jederzeit Sport treiben.

b   auch außerhalb eines Kurses allein klettern.

c   nur aus Plastikflaschen trinken.

28 Man soll . . .

a   keine Kleidungsstücke oder Privatgegenstände mitbringen.

b   Sportschuhe tragen, die man nicht draußen trägt.

c   nicht auf andere Kursteilnehmer achten.

29 Jeder Kursteilnehmer darf . . .

a   nur die Geräte seines Kurses benutzen.

b   alle Geräte in der Halle ausprobieren.

c   allein keine Geräte benutzen.

30 Wer etwas beschädigt, . . .

a   darf die Halle nicht mehr nutzen.

b   muss dafür immer die Kosten tragen.

c   muss den Schaden sofort melden.

Hallenordnung der Kletter- und Kampfsporthalle

Klettern und Kampfsport sind Sportarten, die ein Verletzungsrisiko beinhalten. Zur Unfallvermeidung sind folgende Punkte unbedingt zu beachten.

Allgemeine Regeln für den Kletter- und Kampfsportbereich

Nutzung der Halle

- Die Sportanlagen sind nur unter Aufsicht einer Lehrkraft/eines Übungsleiters während der ausgeschriebenen Kurszeiten zu benutzen.
- Den Anweisungen der Lehrkraft/des Übungsleiters ist ausnahmslos Folge zu leisten. Zuwiderhandlungen werden mit dem Ausschluss aus dem Kurs ohne Kostenerstattung geahndet! Das freie Üben innerhalb einer Kurs-/Übungsstunde geschieht ausschließlich auf eigene Verantwortung.

Umgang mit den Geräten

- Alle Anlagen, Einrichtungen und Geräte sind pfleglich zu behandeln und ggf. nach dem Training mit der bereitgestellten Desinfektionsflüssigkeit zu reinigen. Auftretende Schäden und Mängel sind unverzüglich der anwesenden Aufsicht zu melden. Für mutwillig verursachte Schäden kommt der Verursacher auf.
- Die Teilnehmer verpflichten sich, die Sportgeräte ausschließlich entsprechend des belegten Kurses zu benutzen.

Kleidung und Verhalten

- In der Sporthalle sind saubere (Indoor-) Sportschuhe zu tragen. Die Benutzung von Straßenschuhen ist nicht erlaubt. Während des Trainings ist geeignete Sportkleidung zu tragen.
- In allen Räumen der Sporthalle hat sich jeder Teilnehmer so zu verhalten, dass Sicherheit, Sauberkeit, Ordnung und eine entspannte und angenehme Atmosphäre gewährleistet sind und andere Teilnehmer nicht belästigt werden.
- Rauchen und der Verzehr von mitgebrachten Speisen sind in der Sporthalle nicht gestattet. Getränke sind nur in auslauf- und bruchsicheren (Plastik-)Flaschen erlaubt.
- Auf Garderobe und mitgebrachte Ausrüstungsgegenstände ist selbst zu achten. Für Verlust oder Diebstahl wird keine Haftung übernommen.

Modelltest 1

Hören

40 Minuten

Das Modul *Hören* hat vier Teile.
Du hörst mehrere Texte und löst Aufgaben dazu.
Lies jeweils zuerst die Aufgabe und höre dann den Text dazu.
Für jede Aufgabe gibt es nur eine richtige Lösung.
Vergiss bitte nicht, deine Lösungen innerhalb der Prüfungszeit auf den **Antwortbogen** zu schreiben.
Dazu hast du nach dem Hörverstehen fünf Minuten Zeit.
Hilfsmittel wie z.B. Wörterbücher oder Mobiltelefone sind nicht erlaubt.

Teil 1

1 Du hörst nun fünf kurze Texte. Du hörst jeden Text **zweimal**. Zu jedem Text löst du zwei Aufgaben. Wähle bei jeder Aufgabe die richtige Lösung.
Lies zuerst das Beispiel. Dazu hast du 10 Sekunden Zeit.

Beispiel
01 Im Kaufhaus gibt es heute besondere Schnäppchen.

~~Richtig~~   Falsch

02 In der ersten Etage …

- [ ] a   ist alles im Angebot.
- [x] b   gibt es Oberteile für Frauen.
- [ ] c   findet man ein neues Parfüm für Männer.

2 **Text 1**
1 Die Sprecherin möchte den Gewinnern eines Laufes gratulieren.

Richtig   Falsch

2 Der nächste Wettkampf …

- [ ] a   beginnt bald.
- [ ] b   findet auf der Bühne statt.
- [ ] c   ist für Senioren.

3 **Text 2**
3 Jan hat Probleme mit Mathematik.

Richtig   Falsch

4 Er braucht die Hilfe seines Freundes, weil er …

- [ ] a   für eine Mathearbeit üben will.
- [ ] b   die Aufgaben nicht lösen kann.
- [ ] c   im Unterricht nicht aufgepasst hat.

4 **Text 3**
5 Du hörst die Wettervorhersage für 7 Tage.

Richtig   Falsch

6 Übermorgen …

- [ ] a   scheint die Sonne, aber es ist windig.
- [ ] b   wird es regnen.
- [ ] c   gibt es Gewitter im Westen.

5 ⊙ **Text 4**

7 Die Sprecherin sagt zu. 　　　　　| Richtig | | Falsch |

8 Zum Fernsehabend …

| a | bringt sie Cola mit.
| b | kommt sie direkt nach dem Sport.
| c | kommt sie ein bisschen später.

6 ⊙ **Text 5**

9 Die Zuhörer müssen ein Geräusch erkennen. 　| Richtig | | Falsch |

10 Wenn man die Lösung weiß, …

| a | soll man sich telefonisch melden.
| b | gewinnt man zwei Kinokarten.
| c | gewinnt man diesmal etwas Besonderes.

Teil 2

7 ⊙ Du hörst nun einen Text. Du hörst den Text **einmal**. Dazu löst du fünf Aufgaben.
Wähle bei jeder Aufgabe die richtige Lösung | a | , | b | oder | c | .
Lies jetzt die Aufgaben 11 bis 15. Dazu hast du 60 Sekunden Zeit.

Du machst einen Snowboardkurs für Anfänger und hörst folgende Information zu Beginn des Kurses.

11 Der Snowboardkurs findet …

| a | in St. Peter-Ording statt.
| b | in Winterberg statt.
| c | zum 10. Mal statt.

12 Nico …

| a | gibt auch Surfunterricht.
| b | arbeitet nur im Winter.
| c | ist erst seit Kurzem Snowboardlehrer.

13 Im Skigebiet gibt es …

| a | spezielle Pisten für Snowboardfahrer.
| b | Abfahrten für alle Niveaus.
| c | keine einfachen Strecken.

14 Die Gruppe soll …

| a | den Skilift benutzen.
| b | unten am Berg die Technik üben.
| c | mit der roten Piste beginnen.

15 Snowboardfahrer sollen …

| a | Skifahrer am besten links überholen.
| b | möglichst hinter den Skifahrern bleiben.
| c | nie zu nahe an andere heranfahren.

Modelltest 1

Hören

Teil 3

8 ⊚ Du hörst nun ein Gespräch. Du hörst das Gespräch **einmal**. Dazu löst du sieben Aufgaben.
Wähle: Sind die Aussagen Richtig oder Falsch ?
Lies jetzt die Aufgaben 16 bis 22. Dazu hast du 60 Sekunden Zeit.

Du wartest morgens an der Bushaltestelle auf den Bus und hörst, wie sich ein Mädchen und ein Junge, Lara und Felix, unterhalten.

		Richtig	Falsch
16	Lara findet Weihnachten schön.	Richtig	Falsch
17	Felix findet, dass Weihnachten als kleines Kind besser war.	Richtig	Falsch
18	Felix will kein Geld zu Weihnachten.	Richtig	Falsch
19	Laras Familie feiert ein ganz traditionelles Weihnachtsfest.	Richtig	Falsch
20	Felix findet es komisch, dass Laras Vater einen Adventskalender hat.	Richtig	Falsch
21	Lara lädt Felix zum Weihnachtsfest ein.	Richtig	Falsch
22	Felix soll am 16. Dezember zu Lara kommen.	Richtig	Falsch

Teil 4

9 ⊚ Du hörst nun eine Diskussion. Du hörst die Diskussion **zweimal**. Dazu löst du acht Aufgaben.
Ordne die Aussagen zu: **Wer sagt was**?
Lies jetzt die Aufgaben 23 bis 30. Dazu hast du 60 Sekunden Zeit.

Der Moderator der Radiosendung „Pro und Kontra" diskutiert mit den zwei Schülerinnen, Karoline und Xenia, über das Thema „Schönheitsoperationen".

		Moderator	Karoline	Xenia
Beispiel 0	Schönheitsoperationen werden in Deutschland häufig durchgeführt.	☒	b	c
23	Gutes Aussehen verbessert die Lebensqualität nicht.	a	b	c
24	Die Kriterien für Schönheit sind unklar.	a	b	c
25	Die Medien beeinflussen unsere Vorstellungen von Schönheit.	a	b	c
26	Schönheitsoperationen nehmen zu.	a	b	c
27	Attraktive Menschen haben auch im Beruf bessere Chancen.	a	b	c
28	Individuelle Unterschiede sind wichtig.	a	b	c
29	Schönheitsoperationen sind bei großen Problemen mit dem eigenen Aussehen akzeptabel.	a	b	c
30	Es wäre am besten, nicht an seinem Aussehen zu zweifeln.	a	b	c

Schreiben

60 Minuten

Das Modul *Schreiben* besteht aus drei Teilen.
In den **Aufgaben 1** und **3** schreibst du E-Mails.
In **Aufgabe 2** schreibst du einen Diskussionsbeitrag.
Du kannst mit jeder Aufgabe beginnen. Schreibe deine Texte auf die **Antwortbogen**.
Bitte schreibe deutlich und verwende keinen Bleistift.
Hilfsmittel wie z.B. Wörterbücher oder Mobiltelefone sind nicht erlaubt.

Aufgabe 1   Arbeitszeit: 20 Minuten

Am Sonntag warst du mit einigen Freunden am Meer. Dein/-e beste/-r Freund/-in konnte leider nicht dabei sein, weil ihre/seine Oma Geburtstag hatte.

- Beschreibe: Wie war das Wochenende?
- Begründe: Was hat dir besonders gut gefallen?
- Mache einen Vorschlag für einen neuen Ausflug.

> Schreibe eine E-Mail (ca. 80 Wörter).
> Schreibe etwas zu allen drei Punkten.
> Achte auf den Textaufbau (Anrede, Einleitung, Reihenfolge der Inhaltspunkte, Schluss).

Aufgabe 2   Arbeitszeit: 25 Minuten

Du hast in einer Online-Jugendzeitschrift einen Artikel zum Thema „Elektronische Bücher" gelesen.
Im Diskussionsforum der Zeitschrift findest du folgende Meinung:

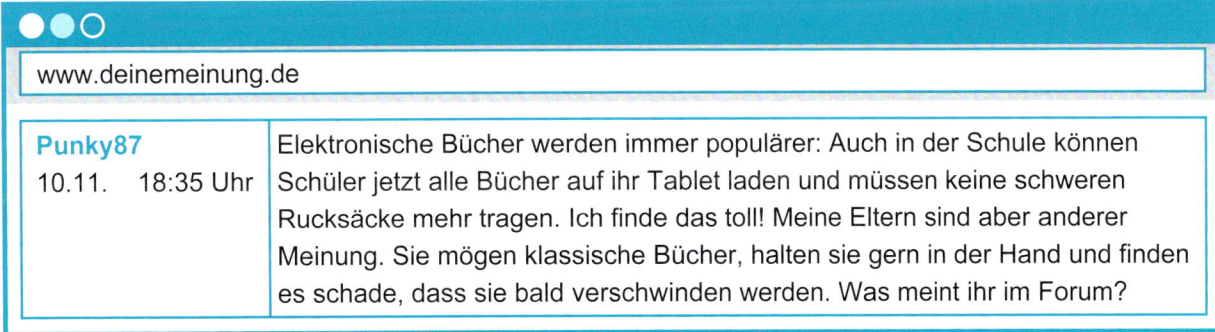

www.deinemeinung.de

Punky87 10.11. 18:35 Uhr	Elektronische Bücher werden immer populärer: Auch in der Schule können Schüler jetzt alle Bücher auf ihr Tablet laden und müssen keine schweren Rucksäcke mehr tragen. Ich finde das toll! Meine Eltern sind aber anderer Meinung. Sie mögen klassische Bücher, halten sie gern in der Hand und finden es schade, dass sie bald verschwinden werden. Was meint ihr im Forum?

> Schreibe nun deine Meinung zum Thema (circa 80 Wörter).

Aufgabe 3   Arbeitszeit: 15 Minuten

Deine Deutschlehrerin, Frau Lehmann, geht in Rente und hat für morgen Nachmittag alle ihre Schüler zu sich nach Hause eingeladen. Du kannst aber leider nicht kommen.

Schreibe an Frau Lehmann. Entschuldige dich höflich und berichte, warum du nicht kommen kannst.

> Schreibe eine E-Mail (circa 40 Wörter).
> Vergiss nicht die Anrede und den Gruß am Schluss.

Modelltest 1

Sprechen

15 Minuten für zwei Teilnehmende

Das Modul *Sprechen* besteht aus drei Teilen.
In **Aufgabe 1** planst du etwas gemeinsam mit deinem Partner / deiner Partnerin (circa 3 Minuten).
In **Aufgabe 2** präsentierst du ein Thema (circa 3 Minuten). Wähle <u>ein</u> Thema (A oder B) aus.
In **Aufgabe 3** sprichst du über dein Thema und das deines Partners / deiner Partnerin (circa 2 Minuten).

Deine Vorbereitungszeit beträgt 15 Minuten.
Du bereitest dich alleine vor.
Du darfst dir zu jeder Aufgabe Notizen machen. In der Prüfung sollst du frei sprechen.

Hilfsmittel wie z. B. Wörterbücher oder Mobiltelefone sind nicht erlaubt.
Die mündliche Prüfung dauert 15 Minuten.

Teil 1   Gemeinsam etwas planen

Für die Öko-Woche deiner Schule wollt ihr eine Müllsammelaktion organisieren und anschließend eine Fotoausstellung veranstalten.

Sprich über die Punkte unten, mach Vorschläge und reagiere auf die Vorschläge deines Gesprächspartners / deiner Gesprächspartnerin. Plant und entscheidet gemeinsam, was ihr tun möchtet.

Müllsammelaktion planen und Fotos austellen

– *Wann? Wo?*

– *Was säubern? (Wald, Park, Stadtteil, …)*

– *Wer?*

– *Wen einladen?*

– *Was braucht man …?*

Teil 2   Ein Thema präsentieren

Du sollst deinen Zuhörern ein aktuelles Thema präsentieren. Dazu findest du hier fünf Folien.
Folge den Anweisungen links und schreibe deine Notizen und Ideen rechts daneben.

Kandidat A

Stell dein Thema vor. Erkläre den Inhalt und die Struktur deiner Präsentation.

Folie 1
„Familienurlaub – wie langweilig!"

Ferien mit den Eltern?

....
....
....
....
....
....
....

Berichte von deiner Situation oder einem Erlebnis im Zusammenhang mit dem Thema.

Folie 2
Ferien mit den Eltern?

Meine persönlichen Erfahrungen

....
....
....
....
....
....

Berichte von der Situation in deinem Heimatland und gib Beispiele.

Folie 3
Ferien mit den Eltern?

Die Situation in meinem Heimatland

....
....
....
....
....

Nenne die Vor- und Nachteile und sag dazu deine Meinung. Gib auch Beispiele.

Folie 4
Ferien mit den Eltern?

Vor- und Nachteile & meine Meinung

....
....
....
....
....
....

Beende deine Präsentation und bedanke dich bei den Zuhörern.

Folie 5
Ferien mit den Eltern?

Abschluss & Dank

....
....
....
....
....
....

Modelltest 1

Kandidat B

Stell dein Thema vor. Erkläre den Inhalt und die Struktur deiner Präsentation.

Berichte von deiner Situation oder einem Erlebnis im Zusammenhang mit dem Thema.

Berichte von der Situation in deinem Heimatland und gib Beispiele.

Nenne die Vor- und Nachteile und sag dazu deine Meinung. Gib auch Beispiele.

Beende deine Präsentation und bedanke dich bei den Zuhörern.

Folie 1
„Alle Haustiere brauchen Bewegung!"
Haustiere in der Wohnung?

Folie 2
Haustiere in der Wohnung?
Meine persönlichen Erfahrungen

Folie 3
Haustiere in der Wohnung?
Die Situation in meinem Heimatland

Folie 4
Haustiere in der Wohnung?
Vor- und Nachteile & meine Meinung

Folie 5
Haustiere in der Wohnung?
Abschluss & Dank

Teil 3   Über ein Thema sprechen

Nach deiner Präsentation:
Reagiere auf die Rückmeldung und auf Fragen der Prüfer/-innen und des Gesprächspartners / der Gesprächspartnerin.

Nach der Präsentation deines Partners / deiner Partnerin:
a) Gib eine Rückmeldung zur Präsentation deines Partners / deiner Partnerin (z.B. wie dir die Präsentation gefallen hat, was für dich neu oder besonders interessant war usw.).
b) Stelle auch eine Frage zur Präsentation deines Partners / deiner Partnerin.

Modelltest 2

Lesen

65 Minuten

Das Modul *Lesen* hat fünf Teile.
Du liest mehrere Texte und löst Aufgaben dazu. Du kannst mit jeder Aufgabe beginnen.
Für jede Aufgabe gibt es nur eine richtige Lösung.
Vergiss bitte nicht, deine Lösungen innerhalb der Prüfungszeit auf den **Antwortbogen** zu schreiben.
Bitte schreibe deutlich und verwende keinen Bleistift.
Hilfsmittel wie z.B. Wörterbücher oder Mobiltelefone sind nicht erlaubt.

Teil 1   Arbeitszeit: etwa 10 Minuten

Lies den Text und die Aufgaben 1 bis 6 dazu.
Wähle: Sind die Aussagen ☐Richtig oder ☐Falsch?

Mitzis-Blog.de

Sonntag, 17. November

Hallo liebe Blogleser!

Jetzt wird es mal wieder Zeit, meinen Blog aufzufrischen, und es gibt sogar einen schönen Grund
dafür. Gestern hatte ich Geburtstag. Ich bin 18 geworden und wollte natürlich groß feiern. Deshalb
habe ich vorgestern alle meine Freunde zu mir nach Hause eingeladen. Wir haben im Garten
gegrillt und wollten dort auch tanzen, aber leider hat es angefangen zu regnen und wir mussten
alle in den Partykeller gehen, wo mein Freund – der von Natur aus ein Pessimist ist – schon alles
vorbereitet hatte. Dort haben wir bis Mitternacht getanzt, dann, um Punkt 24:00 Uhr, wurden alle
Lichter ausgemacht und mein Freund Jonas begann auf seiner Gitarre zu spielen und dazu zu
singen. Stellt euch vor, er hat ein Lied für mich komponiert! Ich war so gerührt! Ich hätte nicht
gedacht, dass er so romantisch ist! Danach kam Sarah, meine beste Freundin, rein. Sie trug einen
leckeren Kuchen mit 18 Kerzen darauf, den sie und ihre Mama – sie ist übrigens Konditorin –
gebacken hatten! Und stellt euch vor: Ich habe die Kerzen in einem Atemzug ausgeblasen. Das ist
doch was! Dann haben meine Freunde mir ihre Geschenke gegeben. Es war wie an Weihnachten!
Ich habe viele schöne Sachen bekommen: zwei Kinogutscheine, drei Bücher, ein Halstuch,
Ohrringe und vieles mehr. Wir sind erst spät ins Bett gegangen. Deshalb bin ich heute erst um
12:00 Uhr aufgewacht. Zum Glück ist heute Sonntag und ich habe heute nicht viel zu tun. Ich sage
„nicht viel", denn die liebe Verwandtschaft kommt um 16:30 Uhr zum Kaffeetrinken. Auch Tante
Irene, die mich immer ein bisschen „zu frech" findet und so altmodisch ist … Deshalb muss ich
sehr gut überlegen, was ich anziehen soll. Was meint ihr, wären eine elegante schwarze Hose
und eine weiße Bluse vielleicht passend? Ich melde mich morgen und erzähle euch, wie das
Familientreffen war – wenn ich es überlebe!

Beispiel

0 Mitzi hat ein großes Fest gemacht. ~~Richtig~~ | Falsch

1 Mitzis Freunde haben bis Mitternacht im Garten getanzt. Richtig | Falsch

2 Jonas hat für Mitzi einen Song gesungen. Richtig | Falsch

3 Sarah ist stolz darauf, dass sie alle Kerzen auf einmal ausblasen konnte. Richtig | Falsch

4 Nach Mitternacht haben sich alle etwas geschenkt. Richtig | Falsch

5 Dieser Sonntag ist für Mitzi ein ganz entspannter Tag. Richtig | Falsch

6 Mitzi möchte sich nicht extra um Tante Irene bemühen. Richtig | Falsch

Modelltest 2

Teil 2   Arbeitszeit: etwa 20 Minuten

Lies den Text aus der Presse und die Aufgaben 7 bis 9 dazu.
Wähle bei jeder Aufgabe die richtige Lösung a , b oder c .

Die Hochzeitstorte

Schon zu Zeiten des römischen Reiches war die Hochzeitstorte bekannt. Die Zeremonie hieß damals „Confarreatio", d. h. „gemeinsames Kuchenessen". Anlässlich des Hochzeitsfestes wurde ein Mandelkuchen gebacken. Dieser wurde aber nicht nur wie heute üblich vom Brautpaar angeschnitten, sondern auch zusammen in kleinen Stücken gegessen. Das sollte für zahlreiche Kinder sorgen. Die Hochzeitsgäste zerkleinerten die anderen Stücke und ließen diese über den Kopf der Braut fallen. Die Kuchenreste auf dem Boden wurden dann von den Gästen aufgegessen.
Heute achtet man eher darauf, wer beim Anschneiden die Hand oben hat, da der Volksmund sagt, dass dieser auch in der Ehe „die Hosen" anhat.

Die traditionelle mehrstöckige Hochzeitstorte stammt ursprünglich aus England, wo sie vor mehreren hundert Jahren erfunden wurde. Heute hat die Hochzeitstorte in der Regel 5 Etagen, die symbolisch für Geburt, Kommunion bzw. Konfirmation, Heirat, Kinderreichtum und den Tod stehen. Gestern wie heute ist das Backen der Hochzeitstorte immer noch dem Konditor, der Oma oder der Mutter, manchmal auch den Freunden, vorbehalten. Sie wird jedoch niemals von der Braut gebacken.
Auf keinen Fall darf die Torte vom Brautpaar berührt oder umgestoßen werden, da dies Pech bringen kann. Das Brautpaar soll sich dagegen über der Torte küssen.

Aus einer deutschen Zeitung

Beispiel

0 Die Hochzeitstorte . . .

- a   wurde Anfang des 20. Jahrhunderts erfunden.
- b   ist erst seit kurzer Zeit auf Hochzeiten üblich.
- ☒   gehörte schon im antiken Rom zur Hochzeitsfeier.

7 In dem Text geht es um . . .

- a   die Geschichte und Bedeutung der Hochzeitstorte.
- b   die Wichtigkeit der Hochzeitstorte.
- c   den Geschmack von Hochzeitstorten.

8 Um viele Kinder zu bekommen, . . .

- a   sollte das Brautpaar die Torte anschneiden.
- b   sollten die Gäste Tortenreste über die Köpfe der Brautleute werfen.
- c   musste das Brautpaar gemeinsam von der Torte essen.

9 Die Hochzeitstorte mit fünf Etagen . . .

- a   wurde von deutschen Konditoren nach England gebracht.
- b   ist eine Erfindung aus England.
- c   hat keine symbolische Bedeutung.

Lies den Text aus der Presse und die Aufgaben 10 bis 12 dazu.
Wähle bei jeder Aufgabe die richtige Lösung a , b oder c .

Kleiner Beitrag zum Umweltschutz

Der steigende Papierbedarf belastet die Umwelt. Die Lösung könnte recyceltes Papier sein.

Papier ist überall. Wir benutzen es ständig und denken kaum darüber nach, welche Konsequenzen der hohe Papierverbrauch für unsere Umwelt hat.

Die Deutschen verbrauchen im Jahr etwa 20 Millionen Tonnen Papier, Pappe und Karton – das sind im Durchschnitt über 200 Kilo pro Person. Deutschland liegt damit nach China, den USA und Japan weltweit an der Spitze.

Zu den Papier-Großverbrauchern gehören auch die Schulen. Kopien oder Schulhefte – überall findet sich Papier, das meistens nicht umweltfreundlich hergestellt ist.

Papier wird aus Holz gemacht. Aus einem Baum kann man etwa 400 Zeitungen produzieren. Der hohe Papierverbrauch ist daran schuld, dass ganze Wälder abgeholzt werden. Außerdem ist die Herstellung von Papier in den Fabriken oft umweltschädlich. Besonders gefährlich ist das Chlor, mit dem das Papier weiß gebleicht wird. Zum Glück sind viele Menschen vernünftig geworden und benutzen nur noch Umweltschutzpapier, das aus altem Papier hergestellt wird. Und die gute Nachricht zum Schluss: Kaum ein Land sammelt mehr Altpapier als Deutschland!

Aus einer deutschen Zeitung

10 In diesem Text geht es darum, ...

a dass Papier eigentlich ein umweltfreundliches Produkt ist.

b wie hoch der internationale Papierverbrauch ist.

c welche Folgen die Papierproduktion für die Umwelt hat.

11 Die Deutschen ...

a kritisieren hohen Papierverbrauch.

b verbrauchen sehr viel Papier.

c produzieren viele Zeitungen.

12 Altpapier ...

a ist nicht aus Holz.

b kann man nicht wiederverwenden.

c wird in Deutschland in großen Mengen gesammelt.

Modelltest 2

Lesen

Teil 3 Arbeitszeit: etwa 10 Minuten

Lies zuerst die Situationen Nr. 13 bis 19 und die Anzeigen a bis j aus verschiedenen deutschsprachigen Medien. Wähle: Welche Anzeige passt zu welcher Situation? Du kannst **jede Anzeige nur einmal** verwenden. Für **eine** Situation gibt es **keine passende Anzeige**. In diesem Fall schreibe **0**.

Für die kalten Monate suchen Kinder und Jugendliche passende Freizeitbeschäftigungen.

Beispiel

0 Marie (16) möchte weiterhin draußen schwimmen.   Anzeige: d

13 Paul (12) möchte seinen Eltern zu Weihnachten etwas basteln.   Anzeige: ....

14 Nelly (16) sucht einen Kletterkurs für Anfänger.   Anzeige: ....

15 Niklas (16) möchte an Winterwochenenden Ski fahren.   Anzeige: ....

16 Anna (17) möchte intensiver Schlagzeug üben und sucht einen Proberaum.   Anzeige: ....

17 Jan (12) interessiert sich sehr für Eishockey und möchte jetzt das Schlittschuhlaufen lernen.   Anzeige: ....

18 Merle (14) tanzt gerne und möchte aktuelle Tanzstile lernen.   Anzeige: ....

19 Jennifer (15) sucht einen netten Ort, an dem man andere treffen und etwas erleben kann.   Anzeige: ....

---

a

Das ist dein Auftritt!

Hip-Hop, Black Music und R&B zu hören ist cool. Aber sich zur Musik in den verschiedenen Styles zu bewegen – das ist fett. Gemeinsam erproben wir die neuesten Choreografien zu den aktuellen Hip Hop- und Dancefloor-Hits. Der Einstieg ist jederzeit möglich:

Termin:
Mittwochs um 16:15 Uhr (bis 13 Jahre)
Mittwochs um 17:30 Uhr (ab 14 Jahren)

Adresse: Tanzwerkstatt, Ringbahnstr. 70
12099 Berlin – Tempelhof

---

b

Lust auf eisiges Vergnügen? – Die Eislaufsaison wird eröffnet!

Ab 10. Oktober lädt das Eislaufstadion wieder zum täglichen Schlittschuh-Spaß unter freiem Himmel ein. Die Eisbahnen sind täglich von 9.00 – 18.00 Uhr geöffnet.
Saisonkarte Erwachsene: 80 Euro
Saisonkarte Kinder: 25 Euro

c — TUS-Skiklub

TUS-Skiklub Wir bieten euch von Dezember – Anfang März Ausfahrten in verschiedene Skigebiete. Wir fahren jeden Samstag und Sonntag um 6.30 Uhr los und sind am Abend gegen 20.00 Uhr zurück. Kosten für Hin- und Rückfahrt im bequemen Reisebus plus Tagesskipass: 35 – 48 € (je nach Skigebiet).

Info + Anmeldung: Skiclub-Büro: Tel. 445 78 23 oder bei Thomas Wendler: 0172/554 66 78

d — Erlebnisbad Lagune

Lernen Sie unsere großzügige Bade- und Spaßlandschaft mit zahlreichen Becken für alle Altersgruppen und Bade- und Schwimmstile kennen.
Bei uns können Sie zudem das ganze Jahr bei einer Wassertemperatur von 22–24 Grad an der frischen Luft schwimmen!
Öffnungszeiten Mo–So: 9.00–22.00 Uhr

e — Die Saison ist noch nicht vorbei!

Seid ihr zwischen 15 und 17 Jahre alt und fortgeschrittene Kletterer?

Dann fahrt doch mit den *Kletterbanausen* in den Herbstferien nach Südfrankreich, in die Nähe von Marseille! Dort könnt ihr direkt am Meer klettern! Unterkunft in netter Jugendherberge. Weitere Infos bekommt ihr bei Alex [0176/543 22 03] oder bei Nicola [0172/257 86 816].

f — Lust auf Eishockey? – Neues Training für 12–14-jährige Mädchen und Jungen

Wenn du sicher auf den Schlittschuhen stehst, gut bremsen, beschleunigen und rückwärts fahren kannst, dann bist du bei uns richtig! Training jeden Dienstag von 17.00 – 19.00 Uhr.
Sportverein am See, Bergstr. 5, Tel: 564 32 90.

g — Herbstnachmittage allein zu Hause verbringen? Warum denn das?!

Komm doch in **die bunte Villa**! Wir haben hier eine gemütliche Milchbar zum Quatschen, Chillen oder Tischtennis spielen. Außerdem haben wir täglich ein großes Angebot an kreativen Aktivitäten. Bunte Villa, Farnstr. 4, Tempelhof

h — Musiker/-innen gesucht!

Möchtest du gern in einer Band spielen? Suchst du Leute, die zu dir passen? Dann komm doch am Samstag in den Musikclub 5! Von 12.00–18.00 kannst du hier in lockerer Atmosphäre andere Musiker/-innen kennenlernen.

Musikclub 5, Annenstraße 5, Stadtteil Degerloch

i — Auf in die Halle!

Nutzt die kälteren Monate, um euch für den Sommer fit zu machen! Bei uns findet ihr eine Menge Kletterrouten für Anfänger, Fortgeschrittene und Profis.
Vom 1.10.–24.12. bieten wir außerdem an jedem Wochenende 2-tägige Kletterkurse für alle Niveaustufen an. Besucht uns auf Facebook: facebook.com/summit-kletterhalle

j — Hallo Kinder!

Verwendet ihr auch gerne Papier, Klebestift und Schere? Dann kommt zu uns! Hier könnt ihr vieles ausprobieren und euch und anderen tolle Sachen basteln. Wir haben viele Ideen und helfen euch gerne! Wir treffen uns jeden Mittwochnachmittag um 15.00 Uhr in der Burgschule, in Raum 12.

Modelltest 2

Lesen

Teil 4   Arbeitszeit: 15 Minuten

Lies die Texte 20 bis 26. Ist die Person **gegen** Haustiere?

Beispiel

0 Kevin | Ja | ~~Nein~~ |

20 Lina | Ja | Nein |

21 Robert | Ja | Nein |

22 Sophie | Ja | Nein |

23 Konstantin | Ja | Nein |

24 Valeria | Ja | Nein |

25 Thomas Krüger | Ja | Nein |

26 Annette Lange | Ja | Nein |

Leserbriefe

Beispiel

0 Gibt es überhaupt Argumente gegen Haustiere? Für mich nicht! Außer vielleicht, wenn man eine Allergie hat. Aber selbst dann könnte man sich zumindest noch Fische halten!

Kevin, 14, Essen

20 Hallo! Ich finde das einzige wirkliche Argument gegen Haustiere ist die Arbeit, also die Pflege des Tieres. Wenn man die nicht als Arbeit definiert, sondern es einem Spaß macht, mit dem Hund auszugehen oder das Katzenklo sauber zu machen, dann ist der Punkt auch weg.

Lina, 15, Koblenz

21 Ein Haustier? Na ja, es kommt darauf an, was für eine Beschäftigung man hat. Was mich betrifft, habe ich keine Haustiere zu Hause, denn ich bin oft unterwegs. Ein wichtiges Argument gegen ein Tier ist die Versorgung während meiner Abwesenheit. Arbeit, Geschäftsreisen, Urlaub. Ich kenne niemanden, der sich problemlos um ein Tier kümmern könnte.

Robert, 24, Dresden

22 Man könnte sich allgemein mal Gedanken machen, was man einem Tier oft antut. Die meisten Haustiere werden in viel zu kleine Käfige gesperrt. Tiere, die in großen Gruppen leben, bekommen keinen Partner, und so weiter. Es gibt viele Argumente, die gegen Haustiere sprechen, wenn man sich einfach mal überlegt, wo es Tieren besser geht. In der Natur oder im Wohnzimmer?

Sophie, 19, Basel

23 Wir leben auf dem Land und Haustiere gehören selbstverständlich dazu. Jeder von uns hat ein eigenes Haustier: Ich habe einen Hund, mein Bruder hat eine Katze und die kleine Lisa kümmert sich um unser Pony. Jeder von uns fühlt sich sehr verantwortlich für sein Tier. Außerdem macht es uns Spaß, unsere Vierbeiner zu füttern und mit ihnen zu spielen.

Konstantin, 13, Perchtoldsdorf

24 Ich bin allergisch gegen Tierhaare. Deshalb habe ich kein Haustier im Haus. Es gibt jedoch noch viele andere Gründe, die man nennen kann. Haustiere kosten viel Geld, wenn man sie richtig pflegt. Nicht alle Leute können sich ein Haustier leisten. Eine zu kleine Wohnung ist auch oft nicht ideal für manche Haustiere.

Valeria, 17, Mannheim

25 Ich mag große Hunde und früher hatte ich selbst einen. Nach seinem Tod habe ich jedoch beschlossen, kein weiteres Haustier zu kaufen, denn ich bin umgezogen und wohne jetzt in einer neuen, schicken Wohnung. Ein Haustier passt wirklich nicht mehr dazu.

Thomas Krüger, 32, München

26 Für Leute, die wie ich allein leben und weder Mann noch Kinder haben, ist ein Haustier etwas Schönes, finde ich. Seitdem ich meine Hündin Lili habe, bin ich viel fröhlicher. Meine Hündin ist für mich wie eine gute Freundin und sie ist auch eine gute Sportpartnerin: Ohne sie hätte ich oft keine Lust, im Park zu joggen.

Annette Lange, 55, Lübeck

Modelltest 2

Lesen

Teil 5   Arbeitszeit: 10 Minuten

Lies die Aufgaben 27 bis 30 und den Text dazu.
Wähle bei jeder Aufgabe die richtige Lösung a , b oder c .

Ihr macht in einer deutschen Stadt ein 14-tägiges Praktikum und wohnt in dieser Zeit in einem Jugendhotel. In eurem Zimmer hängt die Hausordnung.

27 An der Rezeption ...

a   kann man sich ein Schloss für den Schrank kaufen.

b   muss man eine Kaution von 70 € bezahlen.

c   kann man Gegenstände und Dokumente aufbewahren lassen.

28 Im Jugendhotel ist es verboten, ...

a   Alkohol zu trinken.

b   zu rauchen.

c   im Zimmer Musik zu hören.

29 Vor der Abreise soll man ...

a   die Bettwäsche selbst wechseln.

b   die Bettwäsche an der Rezeption abgeben.

c   das Zimmer aufräumen.

30 Wenn man etwas beschädigt oder stark verschmutzt, ...

a   muss man mindestens 20 € bezahlen.

b   wird die Kaution nicht zurückgegeben.

c   soll der Gruppenleiter die Kosten bezahlen.

Hausordnung

Anreise

- Die Anreise soll bis 18 Uhr erfolgen. Eine andere Ankunftszeit soll möglichst schriftlich vereinbart werden.

Kaution und Schäden

- Für Schlüsselkarten, eventuelle Schäden, übermäßige Verschmutzung durch die Gruppe usw. ist eine Kaution von € 50,00 zu hinterlegen. Für Reinigungs- und Reparaturkosten berechnen wir € 20,00 pro angefangener Stunde bei hauseigenen Mitarbeitern. Bei Vergabe an Firmen werden die vollen Kosten berechnet.

Wertgegenstände

- Das JUGENDHOTEL kann für Ausweise, Pässe, Geld, Fotoapparate, etc. nur bis zu einem Betrag von € 250,00 haften, die gegen Quittung an der Rezeption zur Aufbewahrung abgegeben wurden. Dieser Service ist kostenlos! Zum Abschließen Ihres Schranks können Sie gegen Hinterlegung von € 10,00 Vorhängeschlösser ausleihen.

Verhalten im Haus und auf den Zimmern

- Rauchen ist zur Vermeidung von Brandgefahr und der Belästigung nicht rauchender Mitmenschen nicht gestattet. Das Haus ist mit Feuermeldern ausgestattet.

- Musikgeräte dürfen nur in Zimmerlautstärke betrieben werden. Bei Ruhestörung sind die Gruppenleiter dafür zuständig, für Ruhe zu sorgen. Alkoholgenuss ist nur im Bereich der Cafeteria erlaubt, aber keinesfalls in den Zimmern. Der Gruppenleiter trägt die Verantwortung für die Einhaltung dieser Regelung.

Bettwäsche / Handtücher

- Die Betten sind bei der Anreise frisch bezogen. Bei der Abreise ziehen Sie bitte Ihr Bett ab und werfen die Bettwäsche in die bereitgestellten Rollwäschewagen auf den Fluren. Bitte bringen Sie Handtücher selbst mit.

Abreise

- Bei Abreise findet vor Rückgabe der Kaution eine Besichtigung der Schlafräume durch unsere Mitarbeiter statt. Reservieren Sie sich hierfür 15 Minuten. Es wird erwartet, dass die Zimmer aufgeräumt verlassen werden.

Modelltest 2

Hören

40 Minuten

Das Modul *Hören* hat vier Teile.
Du hörst mehrere Texte und löst Aufgaben dazu.
Lies jeweils zuerst die Aufgabe und höre dann den Text dazu.
Für jede Aufgabe gibt es nur eine richtige Lösung.
Vergiss bitte nicht, deine Lösungen innerhalb der Prüfungszeit auf den **Antwortbogen** zu schreiben.
Dazu hast du nach dem Hörverstehen fünf Minuten Zeit.
Hilfsmittel wie z.B. Wörterbücher oder Mobiltelefone sind nicht erlaubt.

Teil 1

10 ◎ Du hörst nun fünf kurze Texte. Du hörst jeden Text **zweimal**. Zu jedem Text löst du zwei Aufgaben. Wähle bei jeder Aufgabe die richtige Lösung.
Lies zuerst das Beispiel. Dazu hast du 10 Sekunden Zeit.

Beispiel
01 Der Sprecher fährt auf der Autobahn.

~~Richtig~~ | Falsch |

02 Seine Frau hat eventuell vergessen, …

a	dem Nachbarn den Schlüssel zu geben.
b	die Haustür abzuschließen.
☒	das Fenster zu schließen.

11 ◎ **Text 1**
1 Die Sprecherin möchte sich schnell Mittagessen machen.

| Richtig | Falsch |

2 Ihre Mutter soll ihr …

a	einen Vorschlag machen.
b	beim Kochen helfen.
c	ein Matheheft kaufen.

12 ◎ **Text 2**
3 Der Zug fährt heute nicht.

| Richtig | Falsch |

4 Zum Olympiazentrum kommt man …

a	nur mit der U-Bahn-Linie 3.
b	mit der U-Bahn oder mit dem Bus.
c	heute nicht mit öffentlichen Verkehrsmitteln.

13 ◎ **Text 3**
5 Wegen schlechten Wetters findet kein Unterricht statt.

| Richtig | Falsch |

6 Die Meldung gilt …

a	für den größten Teil von Oberfranken.
b	für zwei bis drei Tage.
c	nur für Bayreuth und Wunsiedel.

14 ◎ **Text 4**

7 Lisa hat eine Einladung zu einer Faschingsparty bekommen.

Richtig   Falsch

8 Da sie kein Geld für Einkäufe hat, will sie …

a   sich etwas von ihrer Mutter leihen.

b   nicht zur Party gehen.

c   sich ein Kostüm selbst machen.

15 ◎ **Text 5**

9 Das Programm findet nicht wie geplant statt.

Richtig   Falsch

10 Während des Regens …

a   sollen die Läufer vorsichtig sein.

b   können sie bei einer Siegerehrung zusehen.

c   sollten alle nach drinnen gehen.

Teil 2

16 ◎ Du hörst nun einen Text. Du hörst den Text **einmal**. Dazu löst du fünf Aufgaben.
Wähle bei jeder Aufgabe die richtige Lösung a , b oder c .
Lies jetzt die Aufgaben 11 bis 15. Dazu hast du 60 Sekunden Zeit.

Du bist mit deiner Klasse im Schwimmbad. Der Bademeister erklärt euch noch ein paar Regeln.

11 Der Bademeister rät, …

a   sich die Regeln gut zu merken.

b   nach dem Schwimmen zu duschen.

c   vor dem Schwimmen eine Kleinigkeit zu essen.

12 Nichtschwimmer …

a   sollten nicht zu weit ins Wasser gehen.

b   müssen immer in der Nähe des Bademeisters bleiben.

c   können am Nachmittag einen Schwimmkurs machen.

13 Im Schwimmbad …

a   kann man sich leicht verletzen.

b   soll man beim Gehen vorsichtig sein.

c   darf man nicht rennen.

14 Man darf …

a   nicht ins Wasser springen.

b   andere Schwimmer nicht stören.

c   nicht tauchen.

15 Man soll aus dem Wasser raus, …

a   wenn einem kalt ist.

b   wenn jemand in Gefahr ist.

c   wenn andere sich undiszipliniert verhalten.

Modelltest 2

Hören

Teil 3

17 Du hörst nun ein Gespräch. Du hörst das Gespräch **einmal**. Dazu löst du sieben Aufgaben.
Wähle: Sind die Aussagen Richtig oder Falsch?
Lies jetzt die Aufgaben 16 bis 22. Dazu hast du 60 Sekunden Zeit.

In der Schule hörst du, wie sich eine Schülerin und ein Schüler, Resi und Noah, unterhalten.

16	Noah macht Resi ein Kompliment.	Richtig	Falsch
17	Noahs Mutter kauft für ihren Sohn die Kleidung.	Richtig	Falsch
18	Er ist mit der Auswahl seiner Mutter manchmal unzufrieden.	Richtig	Falsch
19	Resi kritisiert Noahs Verhalten.	Richtig	Falsch
20	Resi bekommt von ihrer Mutter Geld für Kleiderkäufe.	Richtig	Falsch
21	Resi durfte die erste Jacke behalten.	Richtig	Falsch
22	Noah schlägt Resi vor, ihm auch einmal etwas mitzubringen.	Richtig	Falsch

Teil 4

18 Du hörst nun eine Diskussion. Du hörst die Diskussion **zweimal**. Dazu löst du acht Aufgaben.
Ordne die Aussagen zu: **Wer sagt was**?
Lies jetzt die Aufgaben 23 bis 30. Dazu hast du 60 Sekunden Zeit.

Der Moderator der Radiosendung „Pro und Kontra" diskutiert mit der Buchhändlerin Frau Berger und dem Computerexperten Herrn Schuster über die Behauptung „Bücher haben keine Zukunft!".

		Moderator	Frau Berger	Herr Schuster
Beispiel				
0	Nicht nur Technikinteressierte lesen E-Books.	☒	b	c
23	Bücher gibt es bald nur noch in Museen.	a	b	c
24	Bücher passen nicht mehr in die heutige Zeit.	a	b	c
25	Bücher zeigen, wie man mit ihnen umgegangen ist.	a	b	c
26	Die Internet-Recherche ist einfacher.	a	b	c
27	Mit dem E-Book hat man immer alle seine Bücher dabei.	a	b	c
28	Gedruckte Bücher bieten mehr Romantik.	a	b	c
29	Manchmal sind elektronische Bücher praktischer.	a	b	c
30	Wichtig ist, dass auch in Zukunft gelesen wird.	a	b	c

Schreiben

60 Minuten

Das Modul *Schreiben* besteht aus drei Teilen.
In den **Aufgaben 1** und **3** schreibst du E-Mails.
In **Aufgabe 2** schreibst du einen Diskussionsbeitrag.
Du kannst mit jeder Aufgabe beginnen. Schreibe deine Texte auf die **Antwortbogen**.
Bitte schreibe deutlich und verwende keinen Bleistift.
Hilfsmittel wie z.B. Wörterbücher oder Mobiltelefone sind nicht erlaubt.

Aufgabe 1 Arbeitszeit: 20 Minuten

Seit zwei Tagen machst du mit deiner Familie Urlaub am Meer. Schreibe deinem besten Freund / deiner besten Freundin eine E-Mail.

- Beschreibe: Wie war die Reise?
- Begründe: Wie findest du den Urlaubsort?
- Mach einen Vorschlag für den nächsten Urlaub.

> Schreibe eine E-Mail (ca. 80 Wörter).
> Schreibe etwas zu allen drei Punkten.
> Achte auf den Textaufbau (Anrede, Einleitung, Reihenfolge der Inhaltspunkte, Schluss).

Aufgabe 2 Arbeitszeit: 25 Minuten

Du hast in einer Online-Jugendzeitschrift einen Artikel zum Thema „Vegetarische Küche" gelesen. Im Forum der Zeitschrift findest du folgende Meinung:

● ● ○	
www.deinemeinung.de	
433 caramel 08.März 18:30 Uhr	Ich finde, dass vegetarische Küche nicht so toll ist. Gemüse ist zwar sehr gesund, aber wir Menschen sind nun einmal von Natur aus Fleischesser und brauchen viel Eiweiß und Proteine. Deswegen möchte ich nicht auf Fleisch und Fisch verzichten.

> Schreibe nun deine Meinung zum Thema (circa 80 Wörter).

Aufgabe 3 Arbeitszeit: 15 Minuten

Dein Deutschlehrer Herr Riemer vom Goethe-Institut hat dich und den ganzen Kurs eingeladen, um das Ende des Kurses zu feiern. Du kannst leider nicht hingehen.

Schreibe an Herrn Riemer. Entschuldige dich höflich und berichte, warum du nicht kommen kannst.

> Schreibe eine E-Mail (circa 40 Wörter).
> Vergiss nicht die Anrede und den Gruß am Schluss.

Modelltest 2

15 Minuten für zwei Teilnehmende

Das Modul *Sprechen* besteht aus drei Teilen.
In **Aufgabe 1** planst du etwas gemeinsam mit deinem Partner / deiner Partnerin (circa 3 Minuten).
In **Aufgabe 2** präsentierst du ein Thema (circa 3 Minuten). Wähle <u>ein</u> Thema (A oder B) aus.
In **Aufgabe 3** sprichst du über dein Thema und das deines Partners / deiner Partnerin (circa 2 Minuten).

Deine Vorbereitungszeit beträgt 15 Minuten.
Du bereitest dich alleine vor.
Du darfst dir zu jeder Aufgabe Notizen machen. In der Prüfung sollst du frei sprechen.

Hilfsmittel wie z.B. Wörterbücher oder Mobiltelefone sind nicht erlaubt.
Die mündliche Prüfung dauert 15 Minuten.

Teil 1   Gemeinsam etwas planen

Es ist Winter und am Wochenende wollt ihr mit euren Freunden ins Gebirge fahren.

Sprich über die Punkte unten, mach Vorschläge und reagiere auf die Vorschläge deines Gesprächspartners / deiner Gesprächspartnerin. Plant und entscheidet gemeinsam, was ihr tun möchtet.

Das Wochenende im Gebirge

– *Wann? Wo?*

– *Womit? (Bus, Auto, Bahn, …)*

– *Essen, Getränke? (mitbringen, kaufen, …)*

– *Skipass?*

– *…?*

Teil 2   Ein Thema präsentieren

Du sollst deinen Zuhörern ein aktuelles Thema präsentieren. Dazu findest du hier fünf Folien.
Folge den Anweisungen links und schreibe deine Notizen und Ideen rechts daneben.

Kandidat A

Stell dein Thema vor.
Erkläre den Inhalt und
die Struktur deiner
Präsentation.

Folie 1

„Umweltschutz fängt bei dir zu
Hause an!"

**Wie kann man
umwelt-
freundlich
leben?**

Berichte von deiner
Situation oder einem
Erlebnis im Zusammen-
hang mit dem Thema.

Folie 2

**Wie kann man
umweltfreundlich leben?**

Meine persönlichen
Erfahrungen

Berichte von der
Situation in deinem
Heimatland und gib
Beispiele.

Folie 3

**Wie kann man
umweltfreundlich leben?**

Die Situation in
meinem Heimatland

Nenne die Vor- und
Nachteile und sag dazu
deine Meinung. Gib auch
Beispiele.

Folie 4

**Wie kann man
umweltfreundlich leben?**

Vor- und
Nachteile &
meine Meinung

Beende deine
Präsentation und
bedanke dich bei
den Zuhörern.

Folie 5

**Wie kann man
umweltfreundlich leben?**

Abschluss & Dank

Modelltest 2

Sprechen

Kandidat B

Stell dein Thema vor. Erkläre den Inhalt und die Struktur deiner Präsentation.

Berichte von deiner Situation oder einem Erlebnis im Zusammenhang mit dem Thema.

Berichte von der Situation in deinem Heimatland und gib Beispiele.

Nenne die Vor- und Nachteile und sag dazu deine Meinung. Gib auch Beispiele.

Beende deine Präsentation und bedanke dich bei den Zuhörern.

Folie 1

„Eine Stunde Bewegung jeden Tag tut gut."

Ist man gesünder, wenn man Sport treibt?

Folie 2

Ist man gesünder, wenn man Sport treibt?

Meine persönlichen Erfahrungen

Folie 3

Ist man gesünder, wenn man Sport treibt?

Die Situation in meinem Heimatland

Folie 4

Ist man gesünder, wenn man Sport treibt?

Vor- und Nachteile & meine Meinung

Folie 5

Ist man gesünder, wenn man Sport treibt?

Abschluss & Dank

Teil 3 Über ein Thema sprechen

Nach deiner Präsentation:
Reagiere auf die Rückmeldung und auf Fragen der Prüfer/-innen und des Gesprächspartners / der Gesprächspartnerin.

Nach der Präsentation deines Partners / deiner Partnerin:
a) Gib eine Rückmeldung zur Präsentation deines Partners / deiner Partnerin (z.B. wie dir die Präsentation gefallen hat, was für dich neu oder besonders interessant war usw.).
b) Stelle auch eine Frage zur Präsentation deines Partners / deiner Partnerin.

Modelltest 3

Lesen

65 Minuten

Das Modul *Lesen* hat fünf Teile.
Du liest mehrere Texte und löst Aufgaben dazu. Du kannst mit jeder Aufgabe beginnen.
Für jede Aufgabe gibt es nur eine richtige Lösung.
Vergiss bitte nicht, deine Lösungen innerhalb der Prüfungszeit auf den **Antwortbogen** zu schreiben.
Bitte schreibe deutlich und verwende keinen Bleistift.
Hilfsmittel wie z.B. Wörterbücher oder Mobiltelefone sind nicht erlaubt.

Teil 1   Arbeitszeit: etwa 10 Minuten

Lies den Text und die Aufgaben 1 bis 6 dazu.
Wähle: Sind die Aussagen Richtig oder Falsch ?

Maren D-Blog.de

Mittwoch, 16. Oktober

Hallo liebe Blogleser,

tut mir leid, ich habe mich lange nicht gemeldet, aber endlich komme ich heute wieder zum Schreiben. Sofort eine Frage: Wie gefällt euch das Foto anbei? Bitte, schickt mir eure Kommentare! Auf dem Foto seht ihr mich mit unseren italienischen Austauschpartnern aus Monticello in der Nähe von Monza. Sie haben uns hier im Gymnasium in Kappeln besucht. Das Foto habe ich gemacht, als wir deutsche und italienische Gerichte in der Küche unserer Schule zubereitet haben. Wir waren 40 Schüler und die Italiener waren begeistert von unserer Küche! In ihrer Schule gibt es so was nicht! Wir haben dann alle zusammen gegessen. Auch die Lehrer waren dabei. Es gab Lasagne, Tiramisu, Kartoffelsalat, Wurstsalat und Strudel. Nichts ist übrig geblieben! Die lieben Italiener, ich vermisse sie so! Sie sind eine ganze Woche geblieben und wir haben viel unternommen: Ausflüge nach Flensburg, Schleswig und Sankt Peter Ording. Sie haben besonders den weiten Strand bewundert, denn die Landschaft hier ist total anders als die italienische Meereslandschaft! Gott, es war so kalt und windig an dem Tag an der Nordsee, aber wir haben es geschafft, eine kurze Wanderung am Strand zu machen. Wir haben eine Menge Fotos in den Strandkörben gemacht, die kannten sie gar nicht! Nach der Wanderung haben wir eine leckere und warme Krabbensuppe in einem kleinen Restaurant direkt am Strand gegessen. Die Zeit ist schnell vergangen, aber dieser Austausch war wirklich ein Erlebnis für mich und auch für meine Mitschüler! Als wir dann in Italien zu Besuch waren, war es auch wunderschön. Wir haben Mailand, den Comer See, Monza und Mantua besichtigt, aber was mich besonders beeindruckt hat, ist das Familienleben: Die italienische Familie trifft sich jeden Abend lange zum gemeinsamen Abendessen.
In meiner Gastfamilie konnte keiner außer Federica Deutsch und nur der Vater sprach noch ein wenig Englisch, aber wir haben uns trotzdem gut verstanden. Internationale Kontakte finde ich sehr wichtig!
Dank dieses Austausches haben wir unseren kulturellen Horizont erweitert, Vorurteile abgebaut und eine neue Kultur hautnah kennengelernt. So eine Erfahrung empfehle ich euch allen!
Soviel für heute,
eure Maren

Beispiel

0 Maren entschuldigt sich für die Verspätung ihres Blog-Beitrags. ~~Richtig~~ Falsch

1 Das Foto, das Maren mitschickt, wurde in Italien gemacht. Richtig Falsch

2 Die italienischen Schüler können in ihrer Schule auch kochen. Richtig Falsch

3 Maren fehlen die Austauschschüler. Richtig Falsch

4 Bei dem Ausflug ans Meer haben die italienischen Schüler neue Eindrücke bekommen. Richtig Falsch

5 Maren gefällt es, dass sich italienische Familien abends füreinander Zeit nehmen. Richtig Falsch

6 Maren rät ihren Bloglesern, Vorurteile abzubauen. Richtig Falsch

Modelltest 3

Teil 2 Arbeitszeit: etwa 20 Minuten

Lies den Text aus der Presse und die Aufgaben 7 bis 9 dazu.
Wähle bei jeder Aufgabe die richtige Lösung a , b oder c .

Die Rechte der Schüler
Kinder dürfen an der Schule mitentscheiden

Für Demokratie gibt es schulfrei. Wenn sich die Klassensprecher einer Schule treffen, wenn sie im Schülerrat etwas besprechen, dann müssen sie dafür vom Unterricht befreit werden. Das steht so im Gesetz und gilt sogar, wenn gerade eine Klassenarbeit geschrieben wird.

An manchen Schulen heißt der Schülerrat auch SchülerMitVerantwortung (SMV) oder Schülervertretung (SV). Gemeint ist immer das Gleiche: Eine Vertretung der Schüler, die sich um die Probleme der Schüler kümmern kann, zum Beispiel wenn ein Lehrer immer wieder die Klassenarbeiten viel zu spät zurückgibt.

In jedem Bundesland gibt es andere Gesetze für Schulen – und auch für die Rechte der Schüler. Am Goethe-Gymnasium in Frankfurt am Main dürfen zum Beispiel die Schüler in der Oberstufe sogar entscheiden, welche Lehrer sie im Unterricht haben wollen. Und die Goethe-Schüler setzen erfolgreich durch, dass sie ihr Abitur wieder nach 13 Schuljahren machen können und nicht nach 12. In anderen Bundesländern regelt ein Gesetz, wie viele Schuljahre man zum Abi braucht – da werden die Schüler gar nicht gefragt.

Natürlich ist die Macht der Schülervertretung begrenzt. Das Einmischen lohnt sich aber trotzdem.

Aus einer deutschen Zeitung

Beispiel

0 Die Klassensprecher haben schulfrei, wenn ...

a sie keine Klassenarbeit schreiben.

☒ sich der Schülerrat trifft.

c sie etwas organisieren müssen.

7 In diesem Text geht es um ...

a die Rolle von Klassensprechern.

b Demokratie in der Schule.

c die Schüler-Lehrer-Eltern-Beziehung.

8 Schülerräte ...

a haben in allen deutschen Schulen dieselben Rechte.

b können verschiedene Namen haben.

c sind sehr einflussreich.

9 Im Goethe-Gymnasium in Frankfurt ...

a endet die Oberstufe jetzt mit der 13. Klasse.

b haben die Schüler erreicht, dass die Schulzeit verkürzt wurde.

c dürfen alle Klassen ihre Lehrer selbst wählen.

Lies den Text aus der Presse und die Aufgaben 10 bis 12 dazu.
Wähle bei jeder Aufgabe die richtige Lösung a , b oder c .

10 Jahre Popakademie Mannheim

Viele junge Leute in Deutschland träumen von einer Karriere in der Popmusik. Wie wird man zum erfolgreichen Musiker oder Manager?

Udo Dahmen, künstlerischer Leiter der Popakademie Mannheim, will seinen Studenten die nötigen Kenntnisse vermitteln, um in der harten und kalten Welt des Musikgeschäfts zu überleben.

In der Popakademie geht es nicht um die Vertiefung von speziellen Fähigkeiten. Musiker brauchen breites Wissen. Es wird darauf hingearbeitet, in Musikgruppen spielen zu können und einen eigenen Stil zu entwickeln. Vor allem die Sänger unter den Erstsemestern haben es nicht leicht: Sie präsentieren sich den anderen Musikern auf einer kleinen Bühne. Erst dann bilden sich Bands, die am Ende des ersten Semesters mit selbstgeschriebenen Songs ihre Prüfung meistern müssen.

Im Vergleich zu anderen Musikhochschulen ist die Popakademie die einzige Musikhochschule in Deutschland, die sich ausschließlich mit dem Bereich populärer Musik beschäftigt. Die Dozenten arbeiten in der Musikbranche, sie geben ihre praktischen Erfahrungen weiter.

Die Popakademie Mannheim existiert seit 2003 und hat vielen Studenten Tür und Tor der Popszene geöffnet: eigene Agenturen und unabhängige Labels, Konzerte und Tourneen sowie Zusammenarbeit mit den ganz Großen aus dem internationalen Geschäft. Allerdings gibt es für 500 Bewerber nur 30 Plätze. Hier studieren die Guten!

Aus einer deutschen Zeitung

10 In diesem Text geht es um ...

a   die Geschichte einer Musikhochschule.

b   einen Vergleich von Popakademien.

c   das Studium an einer Musikhochschule.

11 An der Popakademie ...

a   studieren zukünftige Musiker und Manager.

b   kann man sogar klassische Musik studieren.

c   wird man zum Spezialisten ausgebildet.

12 Angenommen werden ...

a   alle Bewerber.

b   nur 30 Bewerber.

c   nur Sänger.

Modelltest 3

Lesen

Teil 3   Arbeitszeit: etwa 10 Minuten

Lies zuerst die Situationen Nr. 13 bis 19 und die Anzeigen a bis j aus verschiedenen deutschsprachigen Medien. Wähle: Welche Anzeige passt zu welcher Situation? Du kannst **jede Anzeige nur einmal** verwenden. Für **eine** Situation gibt es **keine passende Anzeige**. In diesem Fall schreibe **0**.

Jugendliche und junge Erwachsene suchen passende Angebote für ihre Zukunftspläne.

Beispiel

0 Tina (18) möchte später ein Hotel leiten.   Anzeige: f

13 Johannes (17) sucht eine Lehrstelle als Handwerker.   Anzeige: ....

14 Dimitrij (16) möchte in Aachen studieren und deswegen in den Ferien
intensiv Deutsch lernen.   Anzeige: ....

15 Lars (19) möchte studieren und zugleich Praxiserfahrungen sammeln.   Anzeige: ....

16 Anna (18) möchte ein Jahr lang als Babysitterin in Kanada arbeiten.   Anzeige: ....

17 Kai (19) ist gern in sozialen Netzwerken aktiv und möchte sich in
diesem Bereich weiterbilden.   Anzeige: ....

18 Niki (16) möchte nach der Schule in einem ökologischen Projekt im Ausland arbeiten. Anzeige: ....

19 Lina (22) ist Studentin und möchte ihre Computerkenntnisse verbessern.   Anzeige: ....

---

a **Wer will schon sein ganzes Leben lang die Karriereleiter von unten sehen? – Mach's besser!**

Mit einem dualen Studium bei BEWE bereiten wir dich in nur drei Jahren mit gezielten Förderprogrammen auf deine spätere Aufgabe als Führungskraft vor. Außerdem organisieren wir von Anfang an Praktika in verschiedenen Unternehmen, so dass du schnell weißt, worauf es im Handel ankommt. Na, das ist doch was!

www.bewe.de/machsbesser

b **Als Au-Pair ins Ausland!**

Möchtest du als Au-Pair bei einer netten Familie leben und gleichzeitig Deine Englisch-, Spanisch oder Französischkenntnisse verbessern? Wir organisieren einjährige Auslandsaufenthalte in den USA und Kanada und beraten dich gerne kostenlos.

www.aupair-in-usa-kanada.org

c

Internationale Sommerakademie für Studierende: Deutsch und Landeskunde

Vom 1.–31. August finden bei uns wieder Intensivkurse satt. Wir bieten professionellen Unterricht auf allen Niveaustufen und ein vielfältiges Rahmenprogramm.
Anmeldung und Beratung: Maria Rieger, Karlsstraße 5, 69115 Heidelberg

d

Werde ein Kommunikationsprofi!

Interessierst du dich für soziale Netzwerke, twitterst und bloggst du gerne? Möchtest du diese Leidenschaft auch beruflich ausleben? In unserem Lehrgang vermitteln wir dir umfassende Kompetenzen, um Social-Media-Projekte systematisch planen und erfolgreich umsetzen zu können.

lehrgang_socialmedia.de

e

Jetzt anmelden!

Im Wintersemester bieten wir für Studierende und Uni-Mitarbeiter wieder neue IT-Kurse an, z. B. Textbearbeitung und Tabellenkalkulation mit Office-Programmen, Grafik und Design mit Photoshop und Datenbankverwaltung mit Access.

Weitere Informationen und Anmeldung unter www.rechenzentrum00.de

f

„Tourismus- & Event-Management"

Das Studienprogramm verbindet Fremdsprachen, Event-Gestaltung, Interkulturelle Kommunikation, Marketing, betriebswirtschaftliches Know-how und Hotelmanagement.

Genauere Infos unter:
www.iba.com

g

Sommerkurse in Köln!

- 2–6 Wochen
- alle Stufen von A1–C2
- Unterricht täglich von 9.30–13.00 Uhr
- Prüfungsvorbereitung
- Unterbringung in Gastfamilien
- Freizeitorganisation und Ausflüge

www. deutsch-in-köln.com

h

Sind Sie gern unterwegs und haben Sie Freude an Technik?

Gefällt es Ihnen, analytisch zu denken, und können Sie sich gut konzentrieren? Dann sind unsere Ausbildungsplätze zum Zugführer vielleicht das Richtige! Bewerben Sie sich bis zum 20.7.! Weitere Informationen unter:

www.trail-xxl.de

i

Erweitere deinen Horizont!

Wir sind eine große Organisation mit langjähriger Erfahrung im weltweiten Freiwilligendienst. Wir haben eine Vielzahl von ganz unterschiedlichen Projekten im Bereich Umweltschutz und Bildung im Angebot.

Nähere Infos findest du auf unserer Webseite: www.iacb.org

j

Kreativer Kopf gesucht!

Weißt du, was bei Google, Facebook, You Tube und Co passiert? Kennst du dich ausgezeichnet im Online-Marketing aus? Dann passt du vielleicht zu uns:

Wir suchen nämlich für die Projektleitung und Betreuung unserer Kunden einen erfahrenen Social-Media-Manager.

Bewerbung an: kontakt@abc.com

Modelltest 3

Teil 4   Arbeitszeit: 15 Minuten

Lies die Texte 20 bis 26. Ist die Person **gegen** die Schülerzeitung nur noch online?

Beispiel
0 Jens   ☒ Ja   ☐ Nein

20 Tobias   ☐ Ja   ☐ Nein

21 Mimosa   ☐ Ja   ☐ Nein

22 Oliver   ☐ Ja   ☐ Nein

23 Sissi   ☐ Ja   ☐ Nein

24 Simone   ☐ Ja   ☐ Nein

25 Bob   ☐ Ja   ☐ Nein

26 Julian   ☐ Ja   ☐ Nein

Leserbriefe

Beispiel
0 Unsere Schülerzeitung ist seit knapp 2 Jahren nur noch online vertreten. Viele meiner Klassenkameraden sagen zwar, dass sie die Seite kennen, sie aber nie besuchen, um die Schülerzeitung zu lesen. Das finde ich ärgerlich, weil immer interessante Artikel darin stehen. Ich habe mich deshalb dafür eingesetzt, die Schülerzeitung wieder drucken zu lassen.

Jens, 17, Flensburg

20 Ich bin seit 4 Jahren in der Schülerzeitungsredaktion meiner Schule. Ich finde, dass eine Schülerzeitung online nicht funktioniert. Sie läuft über den Verkauf auf dem Pausenhof. Vor allem auch, weil wir durch diesen Verkauf einen kleinen Betrag einnehmen und für Projekte verwenden können. Diese Projekte sind wichtig und machen die Zeitung interessant.

Tobias, 18, Köln

21 Ich kaufe keine Zeitung am Kiosk, sondern lese alles im Internet nach. Sogar Bücher verkaufen sich immer besser online. Deswegen finde ich es richtig, dass unsere Schülerzeitung auch nur noch online erscheint. Ich glaube, dass die Schüler, die unsere Schülerzeitung nicht online lesen, auch vorher kein Interesse an der Zeitung hatten, als es sie noch auf Papier gab.

Mimosa, 16, Konstanz

22 Ich bin der Meinung, dass die Schüler ihre Zeitung richtig in der Hand halten müssen. Sie soll also aus Papier sein, damit sie in der Schule richtig präsent ist und die Schüler vor Ort über die Inhalte diskutieren. Homepages müssen außerdem ein breites Angebot enthalten, um für Schüler interessant zu wirken, und das ist wohl nicht einfach auf die Reihe zu kriegen.

Oliver, 16, Hamburg

23 Die meisten Schüler haben doch einen Computer im Zimmer oder sie können zumindest mit ihrem Handy ins Internet. Man kann doch dadurch viel einfacher auf einen Artikel reagieren oder sich mit anderen Schülern austauschen, Probleme besprechen und so weiter. Zum Beispiel in einem Schülerchat.

Sissi, 18, Schleswig

24 Gerade im heutigen Zeitalter haben die meisten Schüler keine Lust, in irgendeiner Zeitung zu blättern. Da gehen sie lieber ins Internet. Außerdem ist es „umweltfreundlicher", weil man dann kein Papier mehr braucht. Und topaktuell ist die Zeitung, da man jeden Tag einen neuen Artikel reinsetzen kann.

Simone, 38, Magdeburg

25 Wir laufen ganz gut mit beiden Varianten. Online und Print ermöglichen gute Kombinationsmöglichkeiten. Die gedruckte Ausgabe wird von mehr Schülern gelesen. Der Verkauf auf dem Schulhof läuft gut und viele Schüler freuen sich auf die regelmäßigen Ausgaben. Dafür bietet online den Vorteil, dass Leser auch überregional dazukommen. Wir haben zum Beispiel viele ehemalige Schüler, die so noch mit der Schule verbunden bleiben können und lesen können, was es Neues gibt.

Bob, 18, Fulda

26 Ich arbeite in der Redaktion der Schülerzeitung vom Clara-Schumann-Gymnasium. Vor einem Jahr hatten wir beschlossen, die Zeitung online ins Netz zu stellen. Schon nach zwei Monaten haben wir wieder angefangen, sie zu drucken, weil es nur sehr wenig interessierte Online-Leser gab. In der nächsten Redaktionskonferenz haben wir dann beschlossen, die Zeitung nicht mehr im Netz zu veröffentlichen, sondern nur noch an die Schüler unserer Schule zu verteilen.

Julian, 16, Bonn

Modelltest 3

Lesen

Teil 5   Arbeitszeit: 10 Minuten

Lies die Aufgaben 27 bis 30 und den Text dazu.
Wähle bei jeder Aufgabe die richtige Lösung a , b oder c .

Du willst mit deinen Freunden das Museum für Mobilität und Verkehr besuchen.

27 Ihr könnt die Karten . . .

- a   nur während der Öffnungszeiten des Museums kaufen.
- b   am Wochenende schon ab 9.00 Uhr kaufen.
- c   an vier Wochentagen bis 17.00 Uhr kaufen.

28 Die Eintrittspreise . . .

- a   gelten immer für alle Ausstellungen des Museums.
- b   sind für alle Jugendlichen gleich.
- c   sind für Gruppen günstiger.

29 Das Fotografieren . . .

- a   ist ohne Beschränkungen erlaubt.
- b   ist nur mit einem Stativ gestattet.
- c   muss in manchen Fällen erst genehmigt werden.

30 Besucher . . .

- a   dürfen normalerweise keine Tiere mitbringen.
- b   dürfen im Museum nirgendwo essen und trinken.
- c   können direkt vor dem Museum parken.

Besucherordnung des Museums für Mobilität und Verkehr

Öffnungszeiten

Dienstag – Freitag: 9.00 – 17.00 Uhr
Samstag / Sonntag: 10.00 – 18.00 Uhr
Montags geschlossen.
Die Kasse öffnet und schließt jeweils 60 Minuten früher.
Der Juniorbereich schließt immer um 16.30, Einlass bis 16.00 Uhr.

Preise

Tageskarte für Besucher ab 16 Jahren		8,00 €
Ermäßigte Tageskarten (Schüler, Studierende, Arbeitslose, … mit gültigem Ausweis)		5,00 €
Kinder und Jugendliche (6 – 15 Jahre)		3,00 €
Familienkarte (2 Erwachsene + 3 Kinder unter 15 Jahren)		12,00 €
Gruppen ab 10 Personen	pro Person	4,00 €
	ermäßigt	2,00 €

Für Sonderausstellungen kann ein zusätzliches Eintrittsgeld erhoben werden.
Die Tageskarte gilt auch für den Junior- und den Werkstattbereich.

Garderobe / Tiere

Rucksäcke, größere Taschen und Schirme müssen an der Garderobe abgegeben werden oder in den Schließfächern eingeschlossen werden.
Für den Verlust von Garderobenmarken und Schlüsseln wird ein Entgelt von 3 € bzw. 20 € erhoben.
Die Mitnahme von Tieren ist nicht gestattet, ausgenommen sind Blindenleithunde.

Verhalten in den Ausstellungsbereichen

Die Anweisungen des Museumspersonals sind zu befolgen.
Essen und Trinken ist nur in bestimmten Bereichen erlaubt.
Aus Sicherheitsgründen sind auf dem Außengelände die angelegten Wege zu benutzen.

Fotografieren und Filmen

Fotografieren und Filmen ist zu privaten Zwecken ohne Stativ möglich. Zu Aufnahmen für Veröffentlichungen kontaktieren Sie bitte unsere Pressestelle vorab schriftlich.

Barrierefreiheit

Ca. 95 % des Museums sind barrierefrei. Falls Sie Hilfe benötigen, helfen unsere Mitarbeiter Ihnen gerne.

Anfahrt

U-Bahnen: U4 / U5, Haltestelle „Berghöhe"
S-Bahn: S2, Haltestelle „Pocherbrücke" (von dort ca. 15 Minuten zu Fuß)
Leider sind keine Museumsparkplätze vorhanden. Parkmöglichkeiten im Parkhaus „Ruf".

Modelltest 3

Hören

40 Minuten

Das Modul *Hören* hat vier Teile.
Du hörst mehrere Texte und löst Aufgaben dazu.
Lies jeweils zuerst die Aufgabe und höre dann den Text dazu.
Für jede Aufgabe gibt es nur eine richtige Lösung.
Vergiss bitte nicht, deine Lösungen innerhalb der Prüfungszeit auf den **Antwortbogen** zu schreiben.
Dazu hast du nach dem Hörverstehen fünf Minuten Zeit.
Hilfsmittel wie z.B. Wörterbücher oder Mobiltelefone sind nicht erlaubt.

Teil 1

19 ◎ Du hörst nun fünf kurze Texte. Du hörst jeden Text **zweimal**. Zu jedem Text löst du zwei Aufgaben. Wähle bei jeder Aufgabe die richtige Lösung.
Lies zuerst das Beispiel. Dazu hast du 10 Sekunden Zeit.

Beispiel
01 Der Sprecher spricht über das Wetter.   ~~Richtig~~   Falsch

02 Das Wetter ist …

- ☒ sonnig und schön.
- b grau und wolkig.
- c regnerisch und windig.

20 ◎ **Text 1**
1 Kathy kommt nicht ins Haus rein.   Richtig   Falsch

2 Sie ruft ihre Mutter an, …

- a damit sie nach Hause kommt.
- b weil die Nachbarin keinen Ersatzschlüssel hat.
- c weil sie jetzt zu Tina geht.

21 ◎ **Text 2**
3 Der Sprecher teilt mit, dass der Flug nach Mailand verspätet ist.   Richtig   Falsch

4 Die Fluggäste sollen sich …

- a auf lange Wartezeiten einstellen.
- b auf andere Flüge umbuchen lassen.
- c sofort am Lufthansa-Schalter beschweren.

22 ◎ **Text 3**
5 Am Wochenende findet bei Florian eine Party statt.   Richtig   Falsch

6 Ramona …

- a will mit dem Bus fahren.
- b kennt den Weg nicht.
- c hat noch nicht über das Geschenk nachgedacht.

23 ◎ **Text 4**

    7 Der Sprecher war auf einem Konzert
       von „Sunrise Avenue".
                                  | Richtig | | Falsch |

    8 Katinka und Tobias haben sich auf | a | kennengelernt.
       einem Konzert … | b | einen Song gewünscht.
                                         | c | das erste Mal geküsst.

24 ◎ **Text 5**

    9 Morgen um 16 Uhr gibt es ein neues Kursangebot. | Richtig | | Falsch |

    10 Der Sprecher fordert die Zuhörer auf, … | a | sich schnell anzumelden.
                                             | b | Carmen beim Training zuzusehen.
                                             | c | an einer Probestunde teilzunehmen.

Teil 2

25 ◎ Du hörst nun einen Text. Du hörst den Text **einmal**. Dazu löst du fünf Aufgaben.
    Wähle bei jeder Aufgabe die richtige Lösung | a |, | b | oder | c |.
    Lies jetzt die Aufgaben 11 bis 15. Dazu hast du 60 Sekunden Zeit.

An einem Gymnasium in Deutschland findet heute eine Abifeier statt. Zu Beginn der Feier gibt ein Abiturient die letzten Anweisungen. Du bist dabei und hörst folgende Rede:

    11 Die Schüler aus der Abi-Klasse … | a | spielen am Anfang etwas vor.
                                             | b | sollen zur Bühne kommen.
                                             | c | wollen zuerst etwas vorsingen.

    12 Die Liedtexte … | a | haben Saskia und Alina geschrieben.
                                             | b | sind alle bekannt.
                                             | c | sind etwas verändert worden.

    13 Der Chemielehrer … | a | wird das Experiment vorbereiten.
                                             | b | soll sofort zur Bühne kommen.
                                             | c | wird später als Assistent helfen.

    14 Nach Tatjanas Rede … | a | sollen alle zur Turnhalle gehen.
                                             | b | kann man Eis bestellen.
                                             | c | gibt es viel zu essen.

    15 Die Gäste können … | a | sich Musik wünschen.
                                             | b | Bier mitbringen.
                                             | c | alle bis Mitternacht bleiben.

Modelltest 3

Hören

Teil 3

26 Du hörst nun ein Gespräch. Du hörst das Gespräch **einmal**. Dazu löst du sieben Aufgaben.
Wähle: Sind die Aussagen Richtig oder Falsch ?
Lies jetzt die Aufgaben 16 bis 22. Dazu hast du 60 Sekunden Zeit.

Auf dem Schulhof hörst du, wie sich ein Mädchen und ein Junge, Sophie und Dennis, unterhalten.

16	Dennis mag Sport in der Schule.	Richtig	Falsch
17	Sophie mag es nicht, wenn alle sie ansehen.	Richtig	Falsch
18	Dennis kennt es, dass sich andere Schüler lustig machen.	Richtig	Falsch
19	Sophie sagt, dass sportliche Schüler beliebter sind als unsportliche.	Richtig	Falsch
20	Dennis gibt ihr den Tipp, mit den Klassenkameraden zu reden.	Richtig	Falsch
21	Sophie will mit dem Lehrer nicht mehr reden.	Richtig	Falsch
22	Dennis überredet Sophie, zum Karatekurs zu kommen.	Richtig	Falsch

Teil 4

27 Du hörst nun eine Diskussion. Du hörst die Diskussion **zweimal**. Dazu löst du acht Aufgaben.
Ordne die Aussagen zu: **Wer sagt was**?
Lies jetzt die Aufgaben 23 bis 30. Dazu hast du 60 Sekunden Zeit.

Der Moderator der Radiosendung „Pro und Kontra" diskutiert mit zwei Schülern der Willy Brandt-Gesamtschule aus Magdeburg, Jessica und Roman, über die Frage „Umweltschutz? Ja oder nein?".

		Moderator	Jessica	Roman
Beispiel				
0	Die Medien berichten häufig über Umweltkatastrophen.	☒	b	c
23	Auf der Erde zu leben, wird auch in Zukunft möglich sein.	a	b	c
24	Wir müssen uns intensiv um den Umweltschutz kümmern.	a	b	c
25	Der Müll muss reduziert werden.	a	b	c
26	Auf dem Land sind die Busverbindungen schlecht.	a	b	c
27	Die Einwohner der Stadt sammeln den Müll.	a	b	c
28	Solche Müllsammelaktionen wären bei uns nicht möglich.	a	b	c
29	Man darf nicht mit Plastiktüten einreisen.	a	b	c
30	Wir Europäer sollten genauso handeln.	a	b	c

Schreiben

60 Minuten

Das Modul *Schreiben* besteht aus drei Teilen.
In den **Aufgaben 1** und **3** schreibst du E-Mails.
In **Aufgabe 2** schreibst du einen Diskussionsbeitrag.
Du kannst mit jeder Aufgabe beginnen. Schreibe deine Texte auf die **Antwortbogen**.
Bitte schreibe deutlich und verwende keinen Bleistift.
Hilfsmittel wie z. B. Wörterbücher oder Mobiltelefone sind nicht erlaubt.

Aufgabe 1   Arbeitszeit: 20 Minuten

Gestern hat deine Klasse den Klassensprecher für dieses Schuljahr gewählt. Ein / -e Klassenkamerad / -in von dir fehlte. Deshalb informierst du ihn / sie darüber.

- Erkläre: Wer hatte sich beworben?
- Beschreibe: Wer ist der / die neue Klassensprecher / -in?
- Begründe: Warum hast auch du gerade diese Person gewählt?

> Schreibe eine E-Mail (ca. 80 Wörter).
> Schreibe etwas zu allen drei Punkten.
> Achte auf den Textaufbau (Anrede, Einleitung, Reihenfolge der Inhaltspunkte, Schluss).

Aufgabe 2   Arbeitszeit: 25 Minuten

Du hast in einer Online-Jugendzeitschrift einen Artikel zum Thema „Tätowierungen" gelesen.
Im Diskussionsforum der Zeitschrift findest du folgende Meinung:

www.deinemeinung.de	
Bina 23.07. 17:15 Uhr	Tattoos sind nichts für mich! Ich kann die Leute nicht verstehen, die sich mit 16 oder 17 eine Blume oder einen Namen tätowieren lassen, weil der Name oder die Blume eine besondere Bedeutung für sie hat. Was ist, wenn in zehn Jahren alles anders ist?

> Schreibe nun deine Meinung zum Thema (circa 80 Wörter).

Aufgabe 3   Arbeitszeit: 15 Minuten

Deine Englischlehrerin, Frau Swanson, hat für eure Gruppe einen Theaterbesuch geplant. Eine Freundin von dir möchte auch mitkommen.

Schreibe an Frau Swanson eine E-Mail und bitte um ihre Zustimmung.

> Schreibe eine E-Mail (circa 40 Wörter).
> Vergiss nicht die Anrede und den Gruß am Schluss.

Modelltest 3

Sprechen

15 Minuten für zwei Teilnehmende

Das Modul *Sprechen* besteht aus drei Teilen.
In **Aufgabe 1** planst du etwas gemeinsam mit deinem Partner / deiner Partnerin (circa 3 Minuten).
In **Aufgabe 2** präsentierst du ein Thema (circa 3 Minuten). Wähle <u>ein</u> Thema (A oder B) aus.
In **Aufgabe 3** sprichst du über dein Thema und das deines Partners / deiner Partnerin (circa 2 Minuten).

Deine Vorbereitungszeit beträgt 15 Minuten.
Du bereitest dich alleine vor.
Du darfst dir zu jeder Aufgabe Notizen machen. In der Prüfung sollst du frei sprechen.

Hilfsmittel wie z.B. Wörterbücher oder Mobiltelefone sind nicht erlaubt.
Die mündliche Prüfung dauert 15 Minuten.

Teil 1   Gemeinsam etwas planen

Nach dem Abitur möchte deine Klasse die Abschlussreise machen. Beschließt das Reiseziel und klärt, wie ihr die Reise finanziert.

Sprich über die Punkte unten, mach Vorschläge und reagiere auf die Vorschläge deines Gesprächspartners / deiner Gesprächspartnerin. Plant und entscheidet gemeinsam, was ihr tun möchtet.

Abschlussreise organisieren

– *Wohin? Wann? Wie lange?*

– *Kosten?*

– *Was organisieren?*

– *Wer macht was?*

– *...*

Teil 2   Ein Thema präsentieren

Du sollst deinen Zuhörern ein aktuelles Thema präsentieren. Dazu findest du hier fünf Folien.
Folge den Anweisungen links und schreibe deine Notizen und Ideen rechts daneben.

Kandidat A

Stell dein Thema vor.
Erkläre den Inhalt und
die Struktur deiner
Präsentation.

Folie 1

„Du bekommst von uns nichts
mehr. – Such dir einen Job!"

**Mit 16 kein
Taschengeld
mehr?**

....
....
....
....
....
....

Berichte von deiner
Situation oder einem
Erlebnis im Zusammen-
hang mit dem Thema.

Folie 2

Mit 16 kein Taschengeld mehr?

Meine persönlichen
Erfahrungen

....
....
....
....
....
....

Berichte von der
Situation in deinem
Heimatland und gib
Beispiele.

Folie 3

Mit 16 kein Taschengeld mehr?

Die Situation in
meinem Heimatland

....
....
....
....
....
....

Nenne die Vor- und
Nachteile und sag dazu
deine Meinung. Gib auch
Beispiele.

Folie 4

Mit 16 kein Taschengeld mehr?

Vor- und
Nachteile &
meine Meinung

....
....
....
....
....
....

Beende deine
Präsentation und
bedanke dich bei
den Zuhörern.

Folie 5

Mit 16 kein Taschengeld mehr?

Abschluss & Dank

....
....
....
....
....
....

Modelltest 3

Sprechen

Kandidat B

Stell dein Thema vor. Erkläre den Inhalt und die Struktur deiner Präsentation.

Folie 1

„Ich schaffe das schon!"

Sollten Jugendliche ein Schuljahr im Ausland verbringen?

Berichte von deiner Situation oder einem Erlebnis im Zusammenhang mit dem Thema.

Folie 2

Ein Schuljahr im Ausland verbringen?

Meine persönlichen Erfahrungen

Berichte von der Situation in deinem Heimatland und gib Beispiele.

Folie 3

Ein Schuljahr im Ausland verbringen?

Die Situation in meinem Heimatland

Nenne die Vor- und Nachteile und sag dazu deine Meinung. Gib auch Beispiele.

Folie 4

Ein Schuljahr im Ausland verbringen?

Vor- und Nachteile & meine Meinung

Beende deine Präsentation und bedanke dich bei den Zuhörern.

Folie 5

Ein Schuljahr im Ausland verbringen?

Abschluss & Dank

Teil 3 Über ein Thema sprechen

Nach deiner Präsentation:
Reagiere auf die Rückmeldung und auf Fragen der Prüfer/-innen und des Gesprächspartners / der Gesprächspartnerin.

Nach der Präsentation deines Partners / deiner Partnerin:
a) Gib eine Rückmeldung zur Präsentation deines Partners / deiner Partnerin (z. B. wie dir die Präsentation gefallen hat, was für dich neu oder besonders interessant war usw.).
b) Stelle auch eine Frage zur Präsentation deines Partners / deiner Partnerin.

Modelltest 4

Lesen

65 Minuten

Das Modul *Lesen* hat fünf Teile.
Du liest mehrere Texte und löst Aufgaben dazu. Du kannst mit jeder Aufgabe beginnen.
Für jede Aufgabe gibt es nur eine richtige Lösung.
Vergiss bitte nicht, deine Lösungen innerhalb der Prüfungszeit auf den **Antwortbogen** zu schreiben.
Bitte schreibe deutlich und verwende keinen Bleistift.
Hilfsmittel wie z.B. Wörterbücher oder Mobiltelefone sind nicht erlaubt.

Teil 1   Arbeitszeit: etwa 10 Minuten

Lies den Text und die Aufgaben 1 bis 6 dazu.
Wähle: Sind die Aussagen Richtig oder Falsch ?

Oskars-Freizeit-Blog.de

Samstag, 01. April

Hallo liebe Blogleser,

entschuldigt, dass ich mich eine Woche lang nicht gemeldet habe. Ich musste noch für das Abitur lernen und hatte überhaupt keine Zeit.

Heute fühle ich mich gut und erleichtert, die letzte Abiturprüfung liegt nämlich endlich hinter mir! Und die Monate bis September – bis zum Unibeginn – will ich einfach nur genießen, feiern und dann wegfahren. Manchmal kommt es mir ein bisschen komisch vor, dass ich nichts mehr zu tun habe, mich auf nichts vorbereiten muss und mich auch um nichts kümmern muss. Für das Abitur habe ich nämlich so viel pauken müssen!!! Jetzt weiß ich nur, dass ich zur Uni will, aber ich weiß noch nicht, was ich genau studieren will. Vielleicht Philosophie? Ich lese gerne philosophische Texte und wer mich kennt, der weiß auch, dass ich gerne philosophiere. Aber heute möchte ich mir keine Gedanken machen! Eine Ausbildung will ich auf keinen Fall machen. Mein Bruder hat damit keine guten Erfahrungen gemacht. Ich will auch nicht in einer anderen Stadt studieren. Es gibt momentan zu viele Dinge, die mich hier in meiner Stadt halten: Ich habe eine Band, mit der es sehr gut läuft und die mir viel Spaß macht. Ich bin bei den Pfadfindern und werde dort jetzt eine Gruppe leiten. Ein paar Freunde und ich überlegen, eine WG zu gründen, aber ich glaube nicht, dass daraus sofort etwas wird. Ich will gar nicht so unbedingt ausziehen. Ich brauche von meinen Eltern aus nur 20 Minuten in die Innenstadt und wüsste auch gar nicht, wie ich eine eigene Wohnung finanzieren soll. Außerdem fühle ich mich gut zu Hause, habe mein eigenes Zimmer und im Keller kann ich Schlagzeug üben. Da die Wände schalldicht sind, hat keiner, weder meine Eltern noch die Nachbarn, je protestiert!

Soviel für heute!

Euer Oskar

Beispiel

0 Oskar erklärt, warum er eine Weile nicht gebloggt hat. ~~Richtig~~ | Falsch

1 Oskar hat die Schule abgeschlossen. Richtig | Falsch

2 In den kommenden Monaten will er sich auf sein Studium vorbereiten. Richtig | Falsch

3 Er wird Philosophie studieren. Richtig | Falsch

4 Seine Stadt will er nicht verlassen. Richtig | Falsch

5 Er will aber unbedingt mit seinen Freunden zusammenziehen. Richtig | Falsch

6 Eine Mietwohnung könnte er allein nicht bezahlen. Richtig | Falsch

Modelltest 4

Teil 2   Arbeitszeit: etwa 20 Minuten

Lies den Text aus der Presse und die Aufgaben 7 bis 9 dazu.
Wähle bei jeder Aufgabe die richtige Lösung a , b oder c .

„Bufdis" sind gefragt

Der Bundesfreiwilligendienst wird in Deutschland immer beliebter. Viele junge Menschen machen ihn nach Ende der Schulzeit, um sich zu orientieren. Die Freiwilligen helfen dabei in sozialen Organisationen und Projekten mit.

Dahlia-Sophie Mayer ist eine von vielen so genannten „Bufdis" und arbeitet in einer Kindertagesstätte (Kita) in Bonn. Sie sagt: „Weil ich gut mit Kindern umgehen kann und die Arbeit gerne mache, habe ich mich für eine Kita entschieden." Die junge Frau hat vor Kurzem die Schule beendet, weiß jedoch noch nicht, ob sie eine Ausbildung oder ein Studium beginnen möchte. Um die Zeit nach der Schule sinnvoll zu nutzen, hat sie sich für den Bundesfreiwilligendienst entschieden. Sie hofft, dass ihr die Erfahrung in der Kita bei der Berufswahl helfen wird.

Der Bundesfreiwilligendienst wurde im Jahr 2011 in Deutschland eingeführt, nachdem die Wehrpflicht und damit auch der Zivildienst abgeschafft worden waren. Freiwillige übernahmen ab dann die Arbeit der „Zivis" in Krankenhäusern, Kindergärten, Altenheimen und anderen Einrichtungen. Für den meist einjährigen Dienst kann sich jeder bewerben – unabhängig von Alter, Geschlecht oder Herkunft. Die Teilnehmer bekommen dafür bis zu 350 Euro im Monat. Die Nachfrage ist so groß, dass die insgesamt 35 000 Stellen kaum ausreichen.

Aus einer deutschen Zeitung

Beispiel
0 „Bufdi" nennt man die Person, die ...

☒ im Bundesfreiwilligendienst arbeitet.

b noch auf der Suche nach einem Beruf ist.

c freiwillig im Kindergarten arbeitet.

7 In diesem Text geht es um ...

a den nach der Schulzeit geleisteten Freiwilligendienst im sozialen Bereich.

b den von Pensionierten geleisteten Freiwilligendienst.

c Praktika in sozialen Projekten.

8 Dieser Dienst wurde eingeführt, ...

a weil zu wenig Leute in sozialen Bereichen arbeiten wollten.

b um den Zivildienst zu ersetzen.

c als auch die Wehrpflicht eingeführt wurde.

9 Der Bundesfreiwilligendienst ...

a ist nur für Abiturienten geeignet.

b ist vor allem für die Organisationen interessant.

c dauert in der Regel ein Jahr.

Lies den Text aus der Presse und die Aufgaben 10 bis 12 dazu.
Wähle bei jeder Aufgabe die richtige Lösung a , b oder c .

Imbiss-Legende Kadir Nurman ist gestorben

Berlin (dpa) - Der Döner Kebab gehört zur deutschen Fastfood-Landschaft wie Pommes, Currywurst und Hamburger.
Jetzt ist der angebliche Erfinder des Döner Kebab gestorben: Kadir Nurman wurde 80 Jahre alt.

Kadir Nurman kam als Gastarbeiter nach Deutschland. 1972 begann er am Bahnhof-Zoo in Berlin, Fleisch im Fladenbrot zu verkaufen, wie er selbst zu Lebzeiten berichtete. Der Döner Kebab war geboren, jedenfalls auf deutschem Boden. In der Türkei liegt das Grillfleisch vom Spieß auf dem Teller, in Deutschland geht es traditionell im Fladenbrot über die Theke. Den Anspruch, den deutschen Döner erfunden zu haben, erheben allerdings auch andere Gastronomen. Der Schwabe Nevzat Salim will bereits 1969 in Reutlingen den ersten Döner verkauft haben. Auch der Berliner Gastronom Mehmet Aygün beansprucht die Urheberschaft für sich. Er habe schon 1971 Döner unter das Volk gebracht. „Das behaupten sehr viele", sagte Ahmet Dede, der Ehemann einer Nichte von Kadir Nurman, am Samstag. Der wahre Erfinder des Döner Kebab in Deutschland sei aber zweifellos Kadir Nurman. Die Türkisch-Deutsche-Unternehmervereinigung hob die Bedeutung des Anatoliers für die deutsche Wirtschaft hervor: Mit seiner Erfindung des Döners habe Nurman unzählige Arbeitsplätze in der Gastronomie geschaffen, sagte ein Sprecher. „Er genießt hier deshalb großes Ansehen in der türkischen Community."

Aus einer deutschen Zeitung,
gekürzt und leicht verändert

10 In diesem Text geht es um . . .

a Imbisse in Deutschland.

b die Produktion des Döner Kebab.

c den Erfinder des Döner Kebab in Deutschland.

11 Kadir Nurman . . .

a verkaufte schon in der Türkei Döner Kebab.

b führte eine echt türkische Spezialität nach Deutschland ein.

c gilt nicht als der einzige Erfinder des deutschen Döners.

12 Die Erfindung des Döners . . .

a hatte positive Folgen für den Arbeitsmarkt.

b hatte negative Folgen für die deutsche Fastfood-Industrie.

c machte Nurman auch in der Türkei sehr bekannt.

Modelltest 4

Lesen

Teil 3　　　Arbeitszeit: etwa 10 Minuten

Lies zuerst die Situationen Nr. 13 bis 19 und die Anzeigen [a] bis [j] aus verschiedenen deutschsprachigen Medien. Wähle: Welche Anzeige passt zu welcher Situation? Du kannst **jede Anzeige nur einmal** verwenden. Für **eine** Situation gibt es **keine passende Anzeige**. In diesem Fall schreibe **0**.

Kinder und Jugendliche suchen passende Veranstaltungen für das Wochenende.

Beispiel

0　Julian (12) findet alte Kostüme toll und verkleidet sich gerne.　　　　Anzeige: g

13　Marie (16) möchte mal wieder ins Theater gehen.　　　　Anzeige: ....

14　Jakob (16) möchte zu einem Hip-Hop-Konzert gehen.　　　　Anzeige: ....

15　Isabella (14) möchte Fußball spielen.　　　　Anzeige: ....

16　Tom (16) möchte sich alte CDs und Schallplatten kaufen.　　　　Anzeige: ....

17　Benjamin (13) sucht nach einer Veranstaltung für die ganze Familie.　　　　Anzeige: ....

18　Seline (17) malt und zeichnet gern und möchte an einem Graffiti-Workshop teilnehmen.　　　　Anzeige: ....

19　Moritz (16) interessiert sich sehr für Tiere.　　　　Anzeige: ....

---

a

Wir suchen Jugendliche, die Lust auf Puppentheater haben. Wir überlegen uns gemeinsam ein Stück, bauen dann miteinander die Figuren und präsentieren unser Ergebnis Mitte Juli auf unserer Bühne. Ist das was für euch?

Dann kommt am Samstag, um 16:00 Uhr zur Besprechung ins Puppentheater, Mohnstraße 8, 12077 Berlin

b

Hallo Sportfreundinnen!

Am Samstag veranstalten wir ein Turnier für C-Juniorinnen und suchen noch mittelstarke bis starke Spielerinnen (auch fürs Tor).

Datum: 1.7.
Zeit: 10.00 bis 14.00 Uhr
Ort: Seestadion
Wir freuen uns auf eure Anmeldung!
Schreibt an: ka.tus7@gmx.de

Tag der Musik!

Die Musikhochschule öffnet ihre Türen! Den ganzen Tag über könnt ihr in unseren Räumen erleben, was die Klassen und Ensembles in diesem Semester entwickelt haben. Das Programm reicht von klassischer Orchestermusik bis hin Jazz- und Popmusik. Das komplette Programm findet ihr unter: *www.mhc.de/programm*

Die Geschichte des Edgar W.

In diesem skurril-dramatischen Stück begegnen sich Edgar Wibeau (aus „Die neuen Leiden des jungen W.") und Goethes Werther in einer beeindruckenden Bühnenkonstruktion.

Ein Stück voller Spannung, das alle Schüler begeistern wird.

Termine: Sa – Mo, jeweils 18.30 Uhr

Kommen Sie vorbei!

Immer samstags präsentieren zahlreiche Händler auf dem Altstadt-Flohmarkt ihr großes Angebot. Hier finden Sie Möbel aus Großmutters Zeiten, besondere Gläser, Bilder, Comics, Musikartikel, Spielzeug, Werkzeuge und vieles mehr.

Eine einmalige Gelegenheit!

Am Samstag, den 1. Juli, können Sie auf dieser speziellen Tour durch den Zoo einen Blick hinter die Kulissen werfen. Wir zeigen Ihnen nicht nur, wie die Tiere gefüttert und gepflegt werden, sondern informieren Sie auch darüber, welche Fragen heute für Zoos wichtig sind. Sie erfahren also viel Interessantes über Elefant, Giraffe und Co. und Neues über unseren Zoo!

Zurück ins Mittelalter

An diesem Wochenende seht ihr, wie es früher auf einem mittelalterlichen Markt zuging. Erlebt Ritter, Edelfrauen, Spielleute, Zauberer und Handwerker und entdeckt leckere Speisen und Getränke. Hört den Geschichten-erzählern zu, lernt Akrobatik oder probiert aus, wie man sich in mittelalterlicher Kleidung fühlt. Samstag / Sonntag: 11.00 – 19.00 Uhr

Na, habt ihr am Wochenende schon was vor? – Nein!?

Dann kommt doch zu uns! Hier könnt ihr in verschiedenen Workshops Jonglieren, Akrobatik, und Trampolinspringen ausprobieren. Die Workshops starten jeweils am Vormittag, um 10.00 Uhr, und am Nachmittag, um 15.00 Uhr, und dauern 4 Stunden. Anmeldung unter: www.zirkus-fuer-alle.de

Open Air im Park

Ab 16.00 Uhr geht's los! Auf drei Bühnen mit verschiedenen Musikrichtungen bieten wir euch tolle Bands! Die Popmusikbühne findet ihr direkt am Parkeingang, Hip-Hop-Fans müssen zur Bühne am See und Rockmusik könnt ihr vor dem Schloss hören. Und ab 22.00 Uhr gibt es natürlich Techno auf die Ohren!

Für jeden ist etwas dabei!

Am Samstag, den 1. Juli laden wir ab 10.00 Uhr kleine und große Besucher zu unserem großen Museumsfest ein. Neben kostenlosen Führungen durchs Museum erwarten euch / Sie im Museumspark viele bunte und interessante Angebote und Mitmach-Aktionen.

www.stadtmuseum.com

Modelltest 4

Lesen

Teil 4　　　　Arbeitszeit: 15 Minuten

Lies die Texte 20 bis 26. Ist für die Person **die Mode wichtig**?

Beispiel
0 Erik　　　　| Ja |　| ~~Nein~~ |

20 Annika		Ja		Nein
21 Caroline, Jan		Ja		Nein
22 Silja		Ja		Nein
23 Benjamin		Ja		Nein
24 Helene		Ja		Nein
25 Claudia		Ja		Nein
26 Elisabeth		Ja		Nein

Leserbriefe

Beispiel
0 Ich glaube, dass Mode total unwichtig ist. Die Jugendlichen sollten die Mode nicht für so wichtig halten. Ich finde, dass sie nur das kaufen sollten, was sie mögen, und nicht, was ihre Freunde mögen.

Erik, 20, Marktbreit

20 Ich glaube, Mode ist sehr wichtig für junge Menschen im Alltag und glaube nicht, dass es schlecht ist, dass junge Menschen sich um ihr Aussehen kümmern. Natürlich kann es zu viel sein, wenn sie immer daran denken.

Annika, 19, Würzburg

21 Wir merken, dass Mode eine große Rolle im Alltag spielt, besonders für viele junge Leute. Allerdings legen wir nicht so viel Wert darauf. Einige Menschen betrachten Mode als ein Statussymbol, deshalb geben sie viel Geld für ihre Kleidung aus. Das kann ein großes Problem für Menschen sein, die nicht so viel Geld haben.

Caroline, 22, Jan, 23, Lübeck

22 Mode kann zum Problem werden, wenn jemand nicht akzeptiert wird, weil er sich anders anzieht als die anderen. Ein Beispiel: Wenn ein Jugendlicher keine teuren Markenprodukte trägt, weil er sich nicht dafür interessiert oder nicht so viel Geld hat, um sie zu kaufen, dann wird er häufig von den anderen gemobbt. Das finde ich unmöglich! - Wenn man älter ist, bedeutet die Mode einem nicht mehr so viel wie in jungen Jahren.

Silja, 45, Rostock

23 Ich ziehe nur Klamotten an, die ich mag, und achte nicht darauf, ob sie gerade in Mode sind. Ich bin davon überzeugt, dass vor allem die Persönlichkeit und weniger das Aussehen zählt. Es ist schade, dass die Modeindustrie einen so großen Einfluss hat.

Benjamin, 35, Münster

24 Wir werden doch nach unserem Aussehen beurteilt! Zu einem Vorstellungsgespräch zieht man zum Beispiel keine Jogginghose oder Ähnliches an. Man will selbstsicher, gepflegt und professionell wirken, eine positive Ausstrahlung haben und sich im besten Licht zeigen. Deshalb wählt man saubere und elegante Kleidung zum Vorstellungsgespräch. Mir ist es wichtig, mich immer passend und modisch anzuziehen.

Helene, 27, Kappeln

25 Es mag sein, dass Mode zu oberflächlich ist, aber ich denke, sie hilft einem, mehr Selbstvertrauen zu haben.
Sehr viele Jungen und besonders Mädchen stehen stundenlang vor dem Spiegel und ziehen sich um. Wenn ich zu Hause bin und mich entspanne, trage ich gerne bequeme und gemütliche Kleidung. Wenn ich aber aus dem Haus gehe, ziehe ich mich modisch an.

Claudia, 38, Düsseldorf

26 Als ich jung war, war es mir extrem wichtig, mich immer nach der neuesten Mode zu kleiden. Heute bin ich da natürlich etwas entspannter, aber ich achte nach wie vor darauf, schick angezogen zu sein, und sortiere altmodische Kleidung aus.

Elisabeth, 55, Schwerin

Modelltest 4

Lesen

Teil 5   Arbeitszeit: 10 Minuten

Lies die Aufgaben 27 bis 30 und den Text dazu.
Wähle bei jeder Aufgabe die richtige Lösung a , b oder c .

Du willst einen Sprachkurs besuchen und liest die Informationen der Reiseagentur.

27 Das Anmeldeformular solltest du . . .

a   ausfüllen und von den Eltern unterschreiben lassen.

b   dir von der Reiseagentur schicken lassen.

c   spätestens zwei Wochen vor Kursbeginn abschicken.

28 Am Anfang des Kurses . . .

a   schreibst du einen Test.

b   gibt es ein Gespräch zur Einstufung.

c   wirst du automatisch einer Lerngruppe zugeteilt.

29 Im Unterricht . . .

a   werden verschiedene Fähigkeiten trainiert.

b   kannst du auch in deiner Muttersprache sprechen.

c   werden keine Lehrbücher benutzt.

30 Kosten für das Freizeitprogramm . . .

a   müssen die Teilnehmer extra bezahlen.

b   übernimmt die Reiseagentur.

c   sind Teil der Kursgebühr.

Wir freuen uns sehr, dass du dich für einen Sommersprachkurs entschieden hast, der von unserer Reiseagentur mitorganisiert wird. Damit die Reise gut verläuft und dein Aufenthalt erfolgreich ist, haben wir einige wichtige Informationen für dich zusammengestellt:

Anmeldefrist und Anmeldeformular

Es gibt keine Anmeldefristen für unsere Sommerkurse. Du kannst bis kurz vor Reisebeginn buchen – aber natürlich nur, wenn noch Plätze frei sind.
Unser Tipp: Am besten frühzeitig buchen!
Das Anmeldeformular bitte von unserer Homepage herunterladen, vollständig ausfüllen und anschließend ausdrucken. Bevor du es abschickst, müssen deine Eltern das Formular unterzeichnen.

Wichtig!

Teile uns bitte deine Wünsche zum Freizeitprogramm mit. Vergiss bitte nicht, auf besondere Essgewohnheiten und evtl. auf Allergien gegen bestimmte Lebensmittel hinzuweisen.

Einstufung und Unterricht

Am Vormittag findet der Sprachunterricht statt. Nachmittags hast du die Möglichkeit, an Sport- und anderen Freizeitangeboten teilzunehmen.
Am Anfang gibt es einen sogenannten Einstufungstest. So kommst du in die richtige Lernstufe (wir orientieren uns zunächst an den Angaben zu den Sprachkenntnissen auf dem Anmeldeformular.)

Mit uns lernst du vor allem aktiv: Du lernst zu zweit oder in der Gruppe, mit Interviews, Rollenspielen oder in kleinen Projekten. Der Unterricht ist deiner Altersgruppe angepasst und abwechslungsreich. Wir üben alle Fertigkeiten: Sprechen, Hören, Lesen, Schreiben und Grammatik. Der Unterricht findet vom ersten Tag an in der Zielsprache statt.

Leistungen

Die volle Kursgebühr muss vor Kursbeginn bezahlt werden. Sie beinhaltet: Sprachunterricht inkl. Lehrbücher und Unterrichtsmaterial; Sport-, Kultur- und Freizeitaktivitäten; Unterkunft im Internat; Vollpension; Betreuung rund um die Uhr; Internetzugang; Ausflüge; Kranken- und Unfallversicherung.

Zusatzkosten

Es handelt sich z.B. um Kosten für Prüfungen oder individuelle Ausgaben für zusätzliche Ausflüge und Souvenirs.

Modelltest 4

Hören

40 Minuten

Das Modul *Hören* hat vier Teile.
Du hörst mehrere Texte und löst Aufgaben dazu.
Lies jeweils zuerst die Aufgabe und höre dann den Text dazu.
Für jede Aufgabe gibt es nur eine richtige Lösung.
Vergiss bitte nicht, deine Lösungen innerhalb der Prüfungszeit auf den **Antwortbogen** zu schreiben.
Dazu hast du nach dem Hörverstehen fünf Minuten Zeit.
Hilfsmittel wie z.B. Wörterbücher oder Mobiltelefone sind nicht erlaubt.

Teil 1

28 ◎ Du hörst nun fünf kurze Texte. Du hörst jeden Text **zweimal**. Zu jedem Text löst du zwei Aufgaben. Wähle bei jeder Aufgabe die richtige Lösung.
Lies zuerst das Beispiel. Dazu hast du 10 Sekunden Zeit.

Beispiel
01 Fee möchte sich für den Nachmittag verabreden.

~~Richtig~~ | Falsch

02 Sie will …

a die Karten telefonisch vorbestellen.
☒ sich zwei Stunden vor Filmbeginn treffen.
c sich an der Kasse treffen.

29 ◎ **Text 1**
1 Die Höchsttemperaturen liegen zwischen 10 und 16 Grad.

Richtig | Falsch

2 In der Nacht …

a sinkt die Temperatur auf 7 Grad.
b wird es windiger.
c fängt es an zu regnen.

30 ◎ **Text 2**
3 Die Sprecherin sucht eine Betreuung für ihre Tochter.

Richtig | Falsch

4 Frieda …

a soll gegen halb sieben kommen.
b bekommt 6 Euro pro Stunde.
c soll mit Leni zu Abend essen.

31 ◎ **Text 3**
5 In der großen Pause findet eine Aktion der Kunst-AG statt.

Richtig | Falsch

6 Alle Schüler sollen …

a Eimer verteilen.
b Getränkedosen mitbringen.
c mithelfen.

32 ◎ **Text 4**

7 Im Erdgeschoss des Einkaufszentrums dürfen Kinder Kekse backen.

Richtig   Falsch

8 Sie können dort …

a   ohne Anmeldung vorbeikommen.

b   den ganzen Nachmittag backen.

c   ohne ihre Eltern bleiben.

33 ◎ **Text 5**

9 Christian hat einen Termin vergessen.

Richtig   Falsch

10 Seine Mutter möchte, dass er …

a   sich etwas notiert.

b   sie besser informiert.

c   um neun Uhr kommt.

Teil 2

34 ◎ Du hörst nun einen Text. Du hörst den Text **einmal**. Dazu löst du fünf Aufgaben.
Wähle bei jeder Aufgabe die richtige Lösung a , b oder c .
Lies jetzt die Aufgaben 11 bis 15. Dazu hast du 60 Sekunden Zeit.

Du wohnst in einer kleinen Stadt. Zum Martinsfest gibt es jedes Jahr einen großen Laternenumzug durch die Stadt. Du hörst dazu Folgendes im Radio.

11 Der Umzug …

a   ist am Sonntag.

b   beginnt gegen Abend.

c   geht um 12 Uhr los.

12 Alle Kinder sollen …

a   den Zug anführen.

b   ihre Laternen mitbringen.

c   Geschenktüten mitbringen.

13 Der Umzug endet für alle …

a   im Neubaugebiet.

b   an der Grundschule.

c   auf dem Schlosshof.

14 Fleißige Helfer verteilen hier …

a   Kerzen.

b   Geschenktüten mit Leckereien.

c   Würstchen, Tee und Kakao.

15 Auch zu Hause soll man …

a   Lichter aufstellen.

b   alles bunt dekorieren.

c   traditionelle Speisen anbieten.

Modelltest 4

Hören

Teil 3

35 ⊚ Du hörst nun ein Gespräch. Du hörst das Gespräch **einmal**. Dazu löst du sieben Aufgaben.
Wähle: Sind die Aussagen Richtig oder Falsch ?
Lies jetzt die Aufgaben 16 bis 22. Dazu hast du 60 Sekunden Zeit.

Du bist zum Abendessen bei deinem Freund Lionel eingeladen. Am Tisch hörst du, wie sich Lionel und sein Vater unterhalten.

16	Lionel möchte einen eigenen Fernseher.	Richtig	Falsch
17	Er behauptet, das das Fernsehen dann positive Folgen haben wird.	Richtig	Falsch
18	Laut Statistik hat ein eigener Fernseher keinen Einfluss auf das Fernsehverhalten.	Richtig	Falsch
19	Lionel ist schon fernsehsüchtig.	Richtig	Falsch
20	Lionels Vater findet, dass Lionel zu viel Sport treibt.	Richtig	Falsch
21	Lionel macht zwei neue Vorschläge.	Richtig	Falsch
22	Lionels Vater lehnt die Vorschläge ab.	Richtig	Falsch

Teil 4

36 ⊚ Du hörst nun eine Diskussion. Du hörst die Diskussion **zweimal**. Dazu löst du acht Aufgaben.
Ordne die Aussagen zu: **Wer sagt was?**
Lies jetzt die Aufgaben 23 bis 30. Dazu hast du 60 Sekunden Zeit.

Der Moderator der Radiosendung „Pro und Kontra" spricht mit zwei Lehrern, Frau Rethmann und Herrn Süßer, über die Frage „Ist ein Schuljahr im Ausland sinnvoll?".

		Moderator	Frau Rethmann	Herr Süßer
Beispiel				
0	Ein Auslandsschuljahr ist sinnvoll.	a	☒	c
23	Eventuell muss danach eine Klasse wiederholt werden.	a	b	c
24	Die Schüler lernen in dem Auslandsjahr nicht dasselbe wie ihre Mitschüler in Deutschland.	a	b	c
25	Manchen fällt es schwer, danach in eine neue Klasse zu gehen.	a	b	c
26	Man kann auch erst nach der Schule ins Ausland gehen.	a	b	c
27	Die Zeit im Ausland fördert die Entwicklung der Jugendlichen.	a	b	c
28	Ins Ausland zu gehen, erfordert Mut.	a	b	c
29	Manchmal kehren Schüler früher zurück.	a	b	c
30	Nach einem Jahr im Ausland sind die Sprachkenntnisse ausgezeichnet.	a	b	c

Schreiben

60 Minuten

Das Modul *Schreiben* besteht aus drei Teilen.
In den **Aufgaben 1** und **3** schreibst du E-Mails.
In **Aufgabe 2** schreibst du einen Diskussionsbeitrag.
Du kannst mit jeder Aufgabe beginnen. Schreibe deine Texte auf die **Antwortbogen**.
Bitte schreibe deutlich und verwende keinen Bleistift.
Hilfsmittel wie z.B. Wörterbücher oder Mobiltelefone sind nicht erlaubt.

Aufgabe 1   Arbeitszeit: 20 Minuten

Du hast an einem Schüleraustausch mit einer italienischen Schule in Genua teilgenommen.
Dein Mitschüler konnte nach Italien nicht mitkommen, er bekommt jetzt aber auch einen Austauschschüler zu
Besuch.

- Beschreibe: Wie war die Woche?
- Begründe: Was hat dir besonders gut gefallen?
- Mache einen Vorschlag: Was wollt ihr machen, wenn die Italiener zu euch nach Deutschland kommen?

> Schreibe eine E-Mail (ca. 80 Wörter).
> Schreibe etwas zu allen drei Punkten.
> Achte auf den Textaufbau (Anrede, Einleitung, Reihenfolge der Inhaltspunkte, Schluss).

Aufgabe 2   Arbeitszeit: 25 Minuten

Du hast in einer Online-Jugendzeitschrift einen Artikel zum Thema „Mobbing" gelesen. Im Diskussionsforum der
Zeitschrift findest du folgende Meinung:

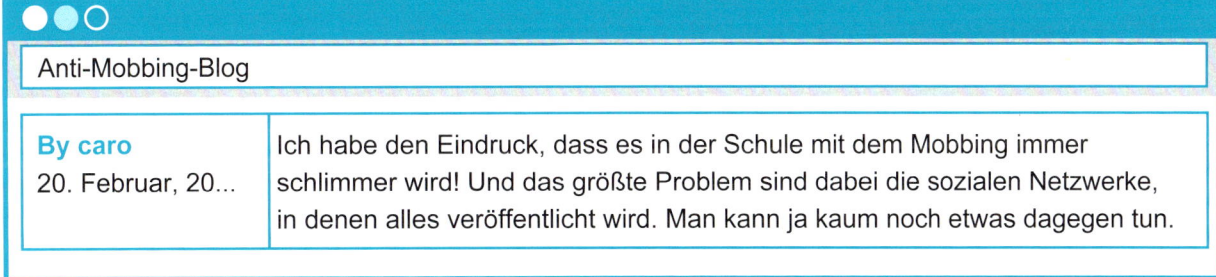

Anti-Mobbing-Blog	
By caro 20. Februar, 20…	Ich habe den Eindruck, dass es in der Schule mit dem Mobbing immer schlimmer wird! Und das größte Problem sind dabei die sozialen Netzwerke, in denen alles veröffentlicht wird. Man kann ja kaum noch etwas dagegen tun.

> Schreibe nun deine Meinung zum Thema (circa 80 Wörter).

Aufgabe 3   Arbeitszeit: 15 Minuten

Dein Sportlehrer Herr Herzog hat für den Tag der offenen Tür einen Sportwettbewerb organisiert. Da du im
Weitsprung sehr gut bist, solltest du daran teilnehmen. Aber du du hast mit deiner Klasse leider zur selben Zeit
einen Theaterauftritt.

Schreibe an Herrn Herzog. Entschuldige dich höflich und berichte, warum du an der Veranstaltung nicht
teilnehmen kannst.

> Schreibe eine E-Mail (circa 40 Wörter).
> Vergiss nicht die Anrede und den Gruß am Schluss.

Modelltest 4

Sprechen

15 Minuten für zwei Teilnehmende

Das Modul *Sprechen* besteht aus drei Teilen.
In **Aufgabe 1** planst du etwas gemeinsam mit deinem Partner / deiner Partnerin (circa 3 Minuten).
In **Aufgabe 2** präsentierst du ein Thema (circa 3 Minuten). Wähle <u>ein</u> Thema (A oder B) aus.
In **Aufgabe 3** sprichst du über dein Thema und das deines Partners / deiner Partnerin (circa 2 Minuten).

Deine Vorbereitungszeit beträgt 15 Minuten.
Du bereitest dich alleine vor.
Du darfst dir zu jeder Aufgabe Notizen machen. In der Prüfung sollst du frei sprechen.

Hilfsmittel wie z. B. Wörterbücher oder Mobiltelefone sind nicht erlaubt.
Die mündliche Prüfung dauert 15 Minuten.

Teil 1   Gemeinsam etwas planen

Um Spenden für die Partnerschule in Namibia zu sammeln, organisiert deine Schule eine Aktion.

Sprich über die Punkte unten, mach Vorschläge und reagiere auf die Vorschläge deines Gesprächspartners / deiner Gesprächspartnerin. Plant und entscheidet gemeinsam, was ihr tun möchtet.

Spendenaktion für Namibia organisieren

– *Wann? Wo?*

– *Was organisieren? (Verkauf von Kuchen, Konzerte, …)*

– *Wer?*

– *Wen einladen? (Eltern, Schüler, …)*

– *…*

Teil 2   Ein Thema präsentieren

Du sollst deinen Zuhörern ein aktuelles Thema präsentieren. Dazu findest du hier fünf Folien.
Folge den Anweisungen links und schreibe deine Notizen und Ideen rechts daneben.

Kandidat A

Stell dein Thema vor.
Erkläre den Inhalt und
die Struktur deiner
Präsentation.

> **Folie 1**
> „Nur noch dieses Spiel!"
>
> **Am Computer
> sein, wann und
> wie lange
> man will?**

Berichte von deiner
Situation oder einem
Erlebnis im Zusammen-
hang mit dem Thema.

> **Folie 2**
> **Am Computer sein, wann und
> wie lange man will?**
>
> **Meine persönlichen
> Erfahrungen**

Berichte von der
Situation in deinem
Heimatland und gib
Beispiele.

> **Folie 3**
> **Am Computer sein, wann und
> wie lange man will?**
>
> **Die Situation in
> meinem Heimatland**

Nenne die Vor- und
Nachteile und sag dazu
deine Meinung. Gib auch
Beispiele.

> **Folie 4**
> **Am Computer sein, wann und
> wie lange man will?**
>
> **Vor- und
> Nachteile &
> meine Meinung**

Beende deine
Präsentation und
bedanke dich bei
den Zuhörern.

> **Folie 5**
> **Am Computer sein, wann und
> wie lange man will?**
>
> **Abschluss & Dank**

Modelltest 4

Kandidat B

Stell dein Thema vor. Erkläre den Inhalt und die Struktur deiner Präsentation.

Folie 1

„Meine Eltern wollen, dass ich Jura studiere."

Sich alleine für seine berufliche Zukunft entscheiden?

....

....

....

....

....

Berichte von deiner Situation oder einem Erlebnis im Zusammenhang mit dem Thema.

Folie 2

Sich alleine für seine berufliche Zukunft entscheiden?

Meine persönlichen Erfahrungen

....

....

....

....

....

Berichte von der Situation in deinem Heimatland und gib Beispiele.

Folie 3

Sich alleine für seine berufliche Zukunft entscheiden?

Die Situation in meinem Heimatland

....

....

....

....

....

Nenne die Vor- und Nachteile und sag dazu deine Meinung. Gib auch Beispiele.

Folie 4

Sich alleine für seine berufliche Zukunft entscheiden?

Vor- und Nachteile & meine Meinung

....

....

....

....

....

Beende deine Präsentation und bedanke dich bei den Zuhörern.

Folie 5

Sich alleine für seine berufliche Zukunft entscheiden?

Abschluss & Dank

....

....

....

....

....

Teil 3   Über ein Thema sprechen

Nach deiner Präsentation:
Reagiere auf die Rückmeldung und auf Fragen der Prüfer/-innen und des Gesprächspartners / der Gesprächspartnerin.

Nach der Präsentation deines Partners / deiner Partnerin:
a) Gib eine Rückmeldung zur Präsentation deines Partners / deiner Partnerin (z.B. wie dir die Präsentation gefallen hat, was für dich neu oder besonders interessant war usw.).
b) Stelle auch eine Frage zur Präsentation deines Partners / deiner Partnerin.

Modelltest 5

Lesen

65 Minuten

Das Modul *Lesen* hat fünf Teile.
Du liest mehrere Texte und löst Aufgaben dazu. Du kannst mit jeder Aufgabe beginnen.
Für jede Aufgabe gibt es nur eine richtige Lösung.
Vergiss bitte nicht, deine Lösungen innerhalb der Prüfungszeit auf den **Antwortbogen** zu schreiben.
Bitte schreibe deutlich und verwende keinen Bleistift.
Hilfsmittel wie z.B. Wörterbücher oder Mobiltelefone sind nicht erlaubt.

Teil 1   Arbeitszeit: etwa 10 Minuten

Lies den Text und die Aufgaben 1 bis 6 dazu.
Wähle: Sind die Aussagen Richtig oder Falsch ?

Alexas-Info-Blog.de

Samstag, 23. März

Hallo liebe Blogleser,

heute möchte ich von euch etwas wissen: Habt ihr Vorbilder? Gibt es eine Person in eurem Leben, die ihr besonders bewundert? Ich stelle euch diese Fragen, weil ich gerade einen interessanten Artikel über Malala, ein Mädchen aus Pakistan, gelesen habe. Als sie 15 Jahre alt war, haben die Taliban versucht, sie zu töten, aber sie hat es überlebt. Sie wurde angegriffen, weil sie offen für die Bildung von Mädchen in muslimischen Ländern kämpfte. Die Taliban lehnen die Schulausbildung von Mädchen ab. In ihrem Buch „Ich bin Malala" beschreibt sie ihre Erlebnisse seit dem Mordanschlag. Sie hofft, dass ihre Geschichte Teil einer Kampagne sein wird, und jedem Jungen und Mädchen das Recht auf Schulbesuch gegeben wird. Malala ist noch so jung und kämpft so mutig für die Menschenrechte! Ich finde das unglaublich! Bücher, meint sie, seien die besten Waffen gegen den Terrorismus! Sie wohnt jetzt in Großbritannien, wo ihre schweren Verletzungen erfolgreich behandelt wurden, und ist sogar von Königin Elisabeth II. im Buckingham Palast empfangen worden. Sie ist 2013 mit dem Sacharow-Preis der Europäischen Union für den Kampf für Menschenrechte ausgezeichnet worden. Aber das ist nicht alles! Seit 2014 ist sie auch die jüngste Preisträgerin des Friedensnobelpreises!

In Interviews hat Malala erklärt, sie wolle zurück nach Pakistan und dort später Premierministerin werden. Und das, obwohl die Taliban erneut damit gedroht haben, sie würden sie umbringen, falls sie zurückkehre. Der Artikel über Malala hat mich sehr beschäftigt. Ich werde bestimmt ihr Buch lesen! Außerdem habe ich viel über meine eigenen Ideale und Werte nachgedacht. Mir ist aufgefallen, dass ich so vieles für normal halte und ziemlich unpolitisch bin. Das werde ich ändern und mich in Zukunft mehr für oder gegen etwas einsetzen. Nun, liebe Blogleser, möchte ich gern erfahren, welche Gedanken ihr euch dazu macht und ob ihr irgendwo sozial oder politisch aktiv seid. Schreibt mir! Ich warte gespannt darauf!

Tschüs,
eure Alexa

Beispiel

0 Alexa fragt ihre Blogleser, was sie erlebt haben. Richtig ~~Falsch~~

1 Alexa hat Malalas Artikel über Menschenrechte gelesen. Richtig Falsch

2 Malala war Opfer eines Attentats. Richtig Falsch

3 Malala setzt sich dafür ein, dass alle Kinder zur Schule gehen können. Richtig Falsch

4 Laut Malala helfen Bücher beim Kampf um die Menschenrechte wenig. Richtig Falsch

5 Da es für sie gefährlich ist, möchte Malala nicht in ihrer Heimat leben. Richtig Falsch

6 Alexa hat überlegt, wie sie sich zukünftig verhalten möchte. Richtig Falsch

Modelltest 5

Teil 2   Arbeitszeit: etwa 20 Minuten

Lies den Text aus der Presse und die Aufgaben 7 bis 9 dazu.
Wähle bei jeder Aufgabe die richtige Lösung a , b oder c .

Die zweite Chance

Bücher werden als Kunstwerke recycelt.

Es gibt recht präzise Zahlen darüber, wie viele Bücher jedes Jahr in Deutschland neu veröffentlicht werden – zuletzt rund 78 000. Wie viele Bücher aber tatsächlich gelesen werden und wie viele ungelesen bleiben – darüber gibt es keine ganz genauen Angaben. Sieben Prozent der Bundesbürger sagen wohl, dass sie zwar Bücher kaufen, sie aber nicht lesen. Die Frage ist, was eigentlich mit diesen Exemplaren geschieht. Verstauben sie im Regal? Wandern sie ins Altpapier? Nun, zumindest nicht alle.
Eine kleine Gruppe von Büchern werden von Designern und Künstlern in nützliche Gegenstände umgewandelt. Großformatige Bände werden zum Beispiel zur Garderobe, kleinere Bücher werden zu Blumentöpfen, Handtaschen und Laptophüllen verarbeitet. Manche Veröffentlichungen werden aber auch zu richtigen Kunstwerken.
Der taiwanesische Künstler Long-Bin Chen fertigt Skulpturen aus alten Telefonbüchern an; für den Amerikaner Jim Rosenau fungieren Bücherwände als intellektuelle Tapeten und alte Ratgeber werden von ihm zu Regalen umfunktioniert.
Wie auch immer, das Buch, seit Jahrhunderten Träger für geistige Ideen, lebt auf diese Art weiter. Man darf gespannt sein, ob den E-Books ein ähnlich originelles Schicksal bestimmt ist.

Aus einer deutschen Zeitung

Beispiel

0 Man weiß genau, wie viele . . .

a	Bücher nicht gelesen werden.
b	Leute Bücher lesen.
☒	Bücher jährlich veröffentlicht werden.

7 In dem Text geht es darum, . . .

a	wie Bücher zu Kunstgegenständen werden.
b	welche Rolle Bücher in Zukunft spielen.
c	wie man Bücher entsorgen kann.

8 Der Autor des Textes . . .

a	kann verstehen, dass Leute Bücher kaufen, aber nicht lesen.
b	fragt sich, warum manche Bücher nur ins Regal gestellt werden.
c	kritisiert nicht, dass Bücher andere Funktionen bekommen.

9 Er fragt sich, ob . . .

a	sich E-Books ebenso gut für Kunstwerke eignen.
b	E-Books originell sind.
c	E-Books Bücher ersetzen können.

Lies den Text aus der Presse und die Aufgaben 10 bis 12 dazu.
Wähle bei jeder Aufgabe die richtige Lösung a , b oder c .

Poetry Slam, was ist das?

In Koblenz findet vom 23. bis 25. Oktober die Landesmeisterschaft im *Poetry Slam* für Rheinland-Pfalz und das Saarland statt. Die Organisatorin Anja Ohmer erklärt, worum es geht.

„*Slam* ist ein literarischer Wettbewerb mit drei Regeln: Der Autor liest dem Publikum einen selbst geschriebenen Text vor. Die Zeit ist dabei begrenzt und es dürfen keine Hilfsmittel verwendet werden. Ganz wichtig ist die Interaktion mit dem Publikum. Das Publikum entscheidet per Applaus oder Punktevergabe, wer der Sieger ist. Und es kann sich auch beteiligen."

„In Deutschland kommt *Poetry Slam* sehr gut an," sagt Anja Omer, „Ich glaube, es war bei jungen Menschen der Wunsch da, noch eine Form von Kultur oder Ausdruck zu finden."

Ein guter *Slammer* hat in der Regel seine eigene Poetik, seine eigene Tonlage gefunden – dann überzeugt er das Publikum. Deswegen gibt es auf der *Slam*-Bühne auch Lyriker, Punker, Freestyler, Rapper, Beatboxer, Storyteller – die Künstlerszene ist wirklich sehr bunt. Entscheidend ist auch, dass immer Alltagssituationen angesprochen werden. Die Menschen finden sich im Verlauf eines *Slam*-Abends in den Texten irgendwo wieder – ob das jemand ist, der wegen der politischen Verhältnisse wütend ist, oder jemand, der wegen einer abgebrochenen Liebesbeziehung traurig ist.

Aus einer deutschen Zeitung

10 In dem Text geht es um ...

   a   eine spezielle Art von Lesung.

   b   eine der besten Slam-Dichterinnen in Koblenz.

   c   ein Musik-Festival in Koblenz.

11 Die Slammer sollen ...

   a   Leute aus dem Publikum auf die Bühne holen.

   b   Texte selbst schreiben und auf der Bühne vortragen.

   c   Texte von bekannten Autoren präsentieren.

12 Die Texte sollen immer ...

   a   die ökonomische Situation von Künstlern thematisieren.

   b   aktuelle politische Themen behandeln.

   c   Erfahrungen aus dem Alltag beschreiben.

Modelltest 5

Lesen

Teil 3   Arbeitszeit: etwa 10 Minuten

Lies zuerst die Situationen Nr. 13 bis 19 und die Anzeigen a bis j aus verschiedenen deutschsprachigen Medien. Wähle: Welche Anzeige passt zu welcher Situation? Du kannst **jede Anzeige nur einmal** verwenden. Für **eine** Situation gibt es **keine passende Anzeige**. In diesem Fall schreibe **0**.

Jugendliche wollen etwas für die Umwelt tun.

Beispiel
0 Tobias (15) möchte Strom sparen.   Anzeige: i

13 Nina (14) möchte im nächsten Schuljahr nur umweltfreundliche
Schreibwaren benutzen.   Anzeige: ....

14 Johannes (15) sucht Tipps, um Wasser zu sparen.   Anzeige: ....

15 Moritz (17) möchte seine alte Kinderzimmereinrichtung richtig entsorgen.   Anzeige: ....

16 Elena (16) sucht eine Naturschutzgruppe.   Anzeige: ....

17 Max (16) möchte sich dafür einsetzen, dass Tiere besser geschützt werden.   Anzeige: ....

18 Lara (14) möchte etwas tun, um die weitere Zerstörung von Wäldern
zu verhindern.   Anzeige: ....

19 Kevin (15) findet es wichtig, dass der Garten umweltfreundlich gepflegt wird.   Anzeige: ....

a

Die Dorfbewohner von Sepintun kämpfen um ihren Regenwald!
Sie wollen ihren Wald, der auch Lebensraum wilder Elefanten ist, zum Schutzgebiet erklären lassen. Schickt den Aufruf weiter und / oder unterstützt die Bevölkerung finanziell!

b

Setze dich für deine Ideale ein!

Möchtest du aktiv etwas gegen Umweltprobleme tun? – Dann komm zu uns! Wir sind 14 – 19 Jahre alt und organisieren originelle Aktionen und Kampagnen. Mehr darüber hier: www.oekologischsein.de

c Werden Sie ein guter Gärtner!

Gartengeräte, die Benzin benötigen, sind nicht nur laut, sie verschmutzen auch die Luft.

Bei uns finden Sie Alternativen: Solarbetriebene Rasenmäher, Elektromäher oder geeignete Handgeräte.

Sie stärken damit nicht nur Ihre Fitness, sondern haben mit Handmähern auch den saubersten Schnitt.

Schauen Sie sich um: www.oekogarten.at

---

d Wir sagen „Nein" zu Tierversuchen!

Wann: Samstag, 13. September
Wo: Dr.-Külz-Ring / Altmarktgalerie
Infostände, Kundgebung,
Demozug durch die Innenstadt mit
Zwischenstopps und Redebeiträgen.

---

e

Bergmannplatz 8
Tel. 030 - 48 490 537
Mo - Sa, 8 - 19 Uhr

Sperrmüll-Service-Center

Hier können Sie Möbel und Haushaltsgegenstände abliefern, die wegen ihrer Größe nicht in den Hausmüll passen. Darunter z. B. Stühle, Tische, Teppiche, Matratzen, Holz / Bretter, Schrott, Fahrräder, Kinderwagen etc.

---

f KOMPOSTIERBARE TÜTEN

NATURAL-Tüten entsprechen der *EN-13432-Norm* und sind ein umweltfreundlicher Ersatz für konventionelle Tüten.

Haben Sie Fragen oder wollen Sie gleich bestellen?
Dann nehmen Sie Kontakt mit uns auf:
www.natural.com

---

g Denkt an unseren Wald, unser Klima, unser Wasser!

Im neuen ÖKO-Katalog findet ihr eine große Auswahl an umweltfreundlichen Produkten, z. B.: Recycling-Papier und Stifte aus Recycling-Kunststoff oder FSC-Holz, Klebefilmabroller und Anspitzer aus Holz oder Heftumschläge aus Altpapier.

Bestellen oder direkt ansehen unter: www.zukunftero.de

---

h NATÜRLICH WOHNEN!

Wir legen großen Wert auf den Umweltschutz und produzieren Möbel aus gesunden und umweltfreundlichen Materialien. Dabei achten wir aber trotzdem auf das Design.

Lassen Sie sich von der Qualität überzeugen!

www.biowohnen.ch

---

i Sonnenlicht-Photovoltaikanlagen: die Lösung der Zukunft!

Mit unseren Anlagen können Sie selbst Elektrizität produzieren und ... ihre Energiekosten stark reduzieren!
Rufen Sie unsere Hotline an, um einen Termin mit unseren Installateuren auszumachen! **0700 / 34 31 666**

---

j Auch ohne Fleisch lebt es sich gut!

Wer aus Liebe zu den Tieren auf Fleisch und Fisch verzichten will, der hat es jetzt leicht: Kosten sie unsere Sojaprodukte!

Sojafleisch grob (Rapunzel)
Inhalt: 125 g
Preis je 100 g: 1,43 €
Versandgewicht: 0,15 kg
1,79 €
(inkl. 7 % MwSt. zzgl. Versandkosten)

Schreiben Sie uns: www.e-biomarkt.de

Modelltest 5

Lesen

Teil 4 Arbeitszeit: 15 Minuten

Lies die Texte 20 bis 26. Ist die Person **gegen** Junkfood?

Beispiel
0 Tim   Ja   ~~Nein~~

20 Herr Höfer   Ja   Nein

21 Sarah   Ja   Nein

22 Lukas   Ja   Nein

23 Konstantin   Ja   Nein

24 Lena   Ja   Nein

25 Frau Sobek   Ja   Nein

26 Herr Kästner   Ja   Nein

Leserbriefe

Beispiel
0 Ich bin jung und dünn, habe wenig Geld, aber immer einen Bärenhunger. Wenn ich unterwegs bin, ist ein Hamburger mit Pommes genau das Richtige für mich! Danach bin ich satt und zufrieden.

Tim, 15, Hamburg

20 Manchmal esse ich mit meinen Kindern einen Hamburger oder Pommes am Imbiss – ich möchte es ihnen nicht komplett verbieten. Allerdings weiß ich, dass es sich hier um alles andere als um eine gesunde Ernährung handelt. Ich koche deswegen regelmäßig mit meinen Kindern und zeige ihnen dadurch, dass es Spaß macht, gesunde Gerichte selbst zuzubereiten.

Herr Höfer, 34, Zürich

21 Junkfood kann gar nicht so ungesund sein, wenn man es selbst zubereitet, denn wer einen Burger komplett selbst macht – vom Brötchen über die Sauce bis zu den Beilagen wie Pommes oder Krautsalat – der weiß genau, was drin steckt und geht Geschmacksverstärkern, verstecktem Zucker & Co. aus dem Weg.

Sarah, 26, Konstanz

22 Ich bin Athletiktrainer und muss meinen Athleten ein Vorbild sein. Deshalb ernähre ich mich sehr gesund: Ich esse viel Gemüse, viel Obst, viele Proteine, aber wenig Fett. Ich verzichte konsequent auf Hamburger, Pommes oder Frikadellen. Für den schnellen Hunger habe ich immer einen Müsliriegel, eine Banane oder ein Vollkornbrot dabei.

Lukas, 22, Freiburg

23 Ich habe Angst zuzunehmen, deshalb achte ich sehr auf meine Ernährung. Früher, als ich 14 war, wog ich schon 98 kg! Ich aß oft vor dem Fernseher Chips und Hamburger mit Ketchup, Käse und Schinken. Jetzt treibe ich regelmäßig Sport, statt fernzusehen, und esse gesünder. Ich konnte so abnehmen und fühle mich besser.

Konstantin, 16, Leipzig

24 Ich wohne seit einem Jahr nicht mehr zu Hause, denn ich studiere in Köln. Ehrlich gesagt, habe ich keine Lust zu kochen und kaufe fast jede Woche Fertiggerichte. Ich muss gestehen, Fast- und Junkfood landet inzwischen sehr oft in meinen Einkaufswagen. Ich weiß, das alles ist ungesund, aber es ist so praktisch.

Lena, 21, Köln

25 Tiefgekühlte Pizzen dürfen in meinem Kühlschrank nicht fehlen! Ich habe also nichts gegen Junkfood: Es ist billig und schmeckt gut. Nur: Man sollte es nicht jeden Tag essen! Laut einer Studie kann man wirklich in kurzer Zeit übergewichtig werden, wenn man sich ausschließlich mit Fastfood ernährt.

Frau Sobek, 35, Magdeburg

26 Ich liebe es, mit Freunden lecker zu kochen. Wir essen ganz traditionelle Gerichte, z. B. Gulasch oder Tafelspitz. Hamburger und Pommes schmecken uns nicht. Das sind übrigens Speisen, die man auch viel zu schnell isst. Beim Essen muss man sich Zeit nehmen und alles richtig genießen.

Herr Kästner, 65, Graz

Modelltest 5

Lesen

Teil 5   Arbeitszeit: 10 Minuten

Lies die Aufgaben 27 bis 30 und den Text dazu.
Wähle bei jeder Aufgabe die richtige Lösung [a], [b] oder [c].

Du besuchst mit deinen Freunden ein neues Schwimmbad und liest am Eingang die Hallenordnung.

27 Der Besuch des Bades ist …

[a]   jederzeit allen Personen erlaubt.

[b]   für Kinder ab 6 Jahren allein möglich.

[c]   nicht bei schlechtem Wetter gestattet.

28 Der Eintritt ist gratis für …

[a]   Kinder.

[b]   Schüler während des Unterrichts.

[c]   Senioren mit Ausweis.

29 Bevor man die Schwimmhalle betritt, muss man …

[a]   sich umziehen.

[b]   eine Bademütze anziehen.

[c]   mindestens 5 Minuten duschen.

30 Man soll …

[a]   mit Badekleidung duschen.

[b]   nicht ins Schwimmbecken springen.

[c]   im Schwimmbecken keine Seife benutzen.

Ordnung zur Benutzung der Schwimmhalle

Badegäste / Öffnungszeiten

- Die Benutzung der Schwimmhalle steht während der offiziellen Öffnungszeiten grundsätzlich jeder Person frei.

- Ausgeschlossen vom Besuch der Schwimmhalle sind Personen mit ansteckenden Krankheiten und Personen mit offenen Wunden und Hautausschlägen.

- Kinder unter sechs Jahren sind nur in Begleitung Erwachsener zugelassen.

- Die Öffnungszeiten werden durch einen Aushang bekannt gemacht. Die Badezeit endet 30 Minuten vor Schließung des Bades. Bei Überfüllung oder technischen Störungen kann die Schwimmhalle zeitweise ganz geschlossen werden.

Eintritt

- Der Zutritt zur Schwimmhalle ist gebührenpflichtig. Der Eintrittspreis ist vorab an der Kasse zu entrichten. Die Preise für die unterschiedlich langen Badezeiten hängen im Eingangsbereich aus.

- Schüler, Studenten und Senioren bekommen nach Vorlage eines geeigneten und gültigen Ausweises eine Ermäßigung.

- Für die Benutzung der Schwimmhalle durch Schulklassen im Rahmen des Unterrichts ist kein Eintrittsentgelt zu zahlen. Eine Schulbescheinigung muss vorgelegt werden.

Aufenthalt im Bad

- Der Aufenthalt in der Schwimmhalle ist nur in üblicher Badebekleidung gestattet. Badebekleidung darf im Schwimmbecken nicht gewaschen werden.

- Der Weg von den Umkleideräumen zu den Duschen und zur Schwimmhalle darf nicht mit Straßenschuhen betreten werden.

- Badegäste müssen sich vor Betreten des Schwimmbeckens im Vorreinigungsraum gründlich mit Seife / Duschmittel unter den Duschen waschen. Die Benutzung der Duschen ist bis zu fünf Minuten erlaubt.

- Im Schwimmbecken ist die Verwendung von Seife / Duschmittel, Bürsten oder anderen Reinigungsmitteln nicht gestattet.

- Die Startpflöcke und der Sprungturm dürfen nach Freigabe durch den Bademeister benutzt werden.

Modelltest 5

Hören

40 Minuten

Das Modul *Hören* hat vier Teile.
Du hörst mehrere Texte und löst Aufgaben dazu.
Lies jeweils zuerst die Aufgabe und höre dann den Text dazu.
Für jede Aufgabe gibt es nur eine richtige Lösung.
Vergiss bitte nicht, deine Lösungen innerhalb der Prüfungszeit auf den **Antwortbogen** zu schreiben.
Dazu hast du nach dem Hörverstehen fünf Minuten Zeit.
Hilfsmittel wie z. B. Wörterbücher oder Mobiltelefone sind nicht erlaubt.

Teil 1

37 ◎ Du hörst nun fünf kurze Texte. Du hörst jeden Text **zweimal**. Zu jedem Text löst du zwei Aufgaben. Wähle bei jeder Aufgabe die richtige Lösung.
Lies zuerst das Beispiel. Dazu hast du 10 Sekunden Zeit.

Beispiel
01 Die Sprecherin ärgert sich über den Regen. [R̶i̶c̶h̶t̶i̶g̶]   [Falsch]

02 Sie fragt Resi, ob sie …

a Andreas und Martin angerufen hat.

b ins Kino gehen möchte.

☒ eine andere Idee hat.

38 ◎ **Text 1**
1 Die Sprecherin hat eine Verabredung vergessen. [Richtig]   [Falsch]

2 Am Nachmittag …

a spielt sie Bridge.

b kommt sie zu Besuch.

c muss sie einen Kuchen backen.

39 ◎ **Text 2**
3 An der Schule findet ein Lesewettbewerb für alle Klassen statt. [Richtig]   [Falsch]

4 Die Schüler …

a können selbst einen Text auswählen.

b sollen ein Taschenbuch vorschlagen.

c müssen das Publikum überzeugen.

40 ◎ **Text 3**
5 Die Sprecherin empfiehlt ein neues Kuchenrezept. [Richtig]   [Falsch]

6 Der Kuchen …

a ist ein Obstkuchen.

b wird ohne Mehl zubereitet.

c kommt 60 Minuten in den Ofen.

41 ⊚ **Text 4**

7 Der Sprecher warnt die Autofahrer.

Richtig Falsch

8 Am Wochenende …

a gibt es wenig Verkehr.

b wird es die ganze Zeit regnen.

c finden überall Reifenkontrollen statt.

42 ⊚ **Text 5**

9 In der 9A wird eine grüne Tasche vermisst.

Richtig Falsch

10 Man sucht eine Person, die …

a einen blauen Rucksack hat.

b in der Nähe der Sporthalle gesehen wurde.

c zwischen 8:00 und 9:00 Uhr in der Klasse war.

Teil 2

43 ⊚ Du hörst nun einen Text. Du hörst den Text **einmal**. Dazu löst du fünf Aufgaben.
Wähle bei jeder Aufgabe die richtige Lösung a , b oder c .
Lies jetzt die Aufgaben 11 bis 15. Dazu hast du 60 Sekunden Zeit.

Du nimmst mit deiner Klasse an einem Kletterabenteuer im Hochseilgarten teil und hörst die Einweisung des Outdoor-Trainers.

11 Wer im Hochseilgarten klettern möchte, …

a braucht spezielle Kleidung.

b braucht Kletterschuhe.

c sollte sportlich angezogen sein.

12 Einen Klettergurt müssen …

a Anfänger tragen.

b alle tragen.

c nur Kinder tragen.

13 Die Schüler klettern …

a in kleinen Gruppen.

b allein.

c alle zusammen in einer Gruppe.

14 Wer nicht weiterklettern kann, sollte …

a sofort umkehren.

b den Trainer informieren.

c eine Pause machen.

15 Im Hochseilgarten lernt man, …

a was Teamarbeit bedeutet.

b über eigene Grenzen zu gehen.

c welche Klettertechniken Profis anwenden.

Modelltest 5

Hören

Teil 3

44 ◎ Du hörst nun ein Gespräch. Du hörst das Gespräch **einmal**. Dazu löst du sieben Aufgaben.
Wähle: Sind die Aussagen Richtig oder Falsch ?
Lies jetzt die Aufgaben 16 bis 22. Dazu hast du 60 Sekunden Zeit.

Du bist zum Abendessen bei deiner Freundin Nadine eingeladen. Am Tisch hörst du, wie sie sich mit ihrer Mutter unterhält.

16	Nadine möchte mit zwei Freundinnen in den Urlaub fahren.	Richtig	Falsch
17	Ihre Mutter ist von der Idee begeistert.	Richtig	Falsch
18	Nadine möchte im Urlaub auf die Tipps der Eltern hören.	Richtig	Falsch
19	Bea darf ohne ihre Eltern verreisen.	Richtig	Falsch
20	Die Mädchen müssen sich gut überlegen, wofür sie Geld ausgeben.	Richtig	Falsch
21	Nadines Mutter will noch mit den anderen Eltern reden.	Richtig	Falsch
22	Im Notfall wissen die Freundinnen, was sie machen müssen.	Richtig	Falsch

Teil 4

45 ◎ Du hörst nun eine Diskussion. Du hörst die Diskussion **zweimal**. Dazu löst du acht Aufgaben.
Ordne die Aussagen zu: **Wer sagt was**?
Lies jetzt die Aufgaben 23 bis 30. Dazu hast du 60 Sekunden Zeit.

Der Moderator der Radiosendung „Pro und Kontra" diskutiert mit zwei Schülern, Kai und Sarah, über die Frage „Handyverbot an Schulen? Ja oder nein?".

		Moderator	Kai	Sarah
Beispiel				
0	Schülern ist das Thema Handy wichtig.	⊠	b	c
23	Handys sind an bayerischen Schulen verboten.	a	b	c
24	Handyverbote an Schulen passen nicht zur heutigen Gesellschaft.	a	b	c
25	Handys im Unterricht stören die ganze Klasse.	a	b	c
26	Handys werden bei Klassenarbeiten verwendet.	a	b	c
27	Man kann sich unterwegs informieren kann und spart Zeit.	a	b	c
28	Auch das Gehirn braucht eine Pause.	a	b	c
29	Handys fördern den Austausch mit den Mitschülern.	a	b	c
30	Die finanzielle Situation spielt keine Rolle.	a	b	c

Schreiben

60 Minuten

Das Modul *Schreiben* besteht aus drei Teilen.
In den **Aufgaben 1** und **3** schreibst du E-Mails.
In **Aufgabe 2** schreibst du einen Diskussionsbeitrag.
Du kannst mit jeder Aufgabe beginnen. Schreibe deine Texte auf die **Antwortbogen**.
Bitte schreibe deutlich und verwende keinen Bleistift.
Hilfsmittel wie z. B. Wörterbücher oder Mobiltelefone sind nicht erlaubt.

Aufgabe 1   Arbeitszeit: 20 Minuten

Zu Silvester warst du mit einigen Freunden im Gebirge. Dein / -e beste / -r Freund / -in konnte nicht mitkommen, weil er / sie bis Januar in Australien ist.

- Beschreibe: Wie war der Silvesterabend?
- Begründe: Was war besonders toll?
- Mache ihm / ihr einen Vorschlag für ein Treffen.

> Schreibe eine E-Mail (ca. 80 Wörter).
> Schreibe etwas zu allen drei Punkten.
> Achte auf den Textaufbau (Anrede, Einleitung, Reihenfolge der Inhaltspunkte, Schluss).

Aufgabe 2   Arbeitszeit: 25 Minuten

Du hast in einer Online-Jugendzeitschrift einen Artikel zum Thema „Extremsport" gelesen.
Im Diskussionsforum der Zeitschrift findest du folgende Meinung:

● ● ○	
www.deinemeinung.de	
Lila 234 17.02 23:15 Uhr	Bei meinen Mitschülern wird es immer beliebter, Extremsportarten wie Bungee-Jumping, Paragliding oder sogar Fallschirmspringen auszuprobieren. Es geht ihnen darum, an ihre Grenzen zu kommen. Ich mache zwar auch gern Sport, kann damit aber wenig anfangen. In der Regel sind das auch sehr teure und einmalige Erlebnisse – oder man wird danach süchtig und braucht immer wieder neue und größere Herausforderungen.

> Schreibe nun deine Meinung zum Thema (circa 80 Wörter).

Aufgabe 3   Arbeitszeit: 15 Minuten

Der Trainer deiner Basketballgruppe hat in den Sommerferien ein Trainingswochenende organisiert. Leider kannst du nicht mitkommen.

Schreibe an Herrn Lenz. Entschuldige dich höflich und berichte, warum du nicht mitkommen kannst.

> Schreibe eine E-Mail (circa 40 Wörter).
> Vergiss nicht die Anrede und den Gruß am Schluss.

Modelltest 5

15 Minuten für zwei Teilnehmende

Das Modul *Sprechen* besteht aus drei Teilen.
In **Aufgabe 1** planst du etwas gemeinsam mit deinem Partner / deiner Partnerin (circa 3 Minuten).
In **Aufgabe 2** präsentierst du ein Thema (circa 3 Minuten). Wähle <u>ein</u> Thema (A oder B) aus.
In **Aufgabe 3** sprichst du über dein Thema und das deines Partners / deiner Partnerin (circa 2 Minuten).

Deine Vorbereitungszeit beträgt 15 Minuten.
Du bereitest dich alleine vor.
Du darfst dir zu jeder Aufgabe Notizen machen. In der Prüfung sollst du frei sprechen.

Hilfsmittel wie z. B. Wörterbücher oder Mobiltelefone sind nicht erlaubt.
Die mündliche Prüfung dauert 15 Minuten.

Teil 1   Gemeinsam etwas planen

Du möchtest ein Geschenk für die Lieblingslehrerin deiner Klasse kaufen, die bald pensioniert wird. Deine beste Freundin / Dein bester Freund will auch mitmachen.

Sprich über die Punkte unten, mach Vorschläge und reagiere auf die Vorschläge deines Gesprächspartners / deiner Gesprächspartnerin. Plant und entscheidet gemeinsam, was ihr tun möchtet.

Ein Geschenk kaufen

– *Was kaufen? (Buch, Tasche, …)*

– *Wann? Wo?*

– *Karte schreiben?*

– *…*

Teil 2   Ein Thema präsentieren

Du sollst deinen Zuhörern ein aktuelles Thema präsentieren. Dazu findest du hier fünf Folien.
Folge den Anweisungen links und schreibe deine Notizen und Ideen rechts daneben.

Kandidat A

Stell dein Thema vor.
Erkläre den Inhalt und
die Struktur deiner
Präsentation.

> **Folie 1**
>
> „Beim Essen will mein Vater
> immer die Nachrichten sehen!"
>
> **Fernsehen
> beim
> Abendessen?**

Berichte von deiner
Situation oder einem
Erlebnis im Zusammen-
hang mit dem Thema.

> **Folie 2**
>
> **Fernsehen beim Abendessen?**
>
> Meine persönlichen
> Erfahrungen

Berichte von der
Situation in deinem
Heimatland und gib
Beispiele.

> **Folie 3**
>
> **Fernsehen beim Abendessen?**
>
> Die Situation in
> meinem Heimatland

Nenne die Vor- und
Nachteile und sag dazu
deine Meinung. Gib auch
Beispiele.

> **Folie 4**
>
> **Fernsehen beim Abendessen?**
>
> Vor- und
> Nachteile &
> meine Meinung

Beende deine
Präsentation und
bedanke dich bei
den Zuhörern.

> **Folie 5**
>
> **Fernsehen beim Abendessen?**
>
> Abschluss & Dank

Modelltest 5

Sprechen

Kandidat B

Stell dein Thema vor. Erkläre den Inhalt und die Struktur deiner Präsentation.

Folie 1

„Ich habe mit meinen Eltern oft Streit wegen der Unordnung in meinem Zimmer."

Wie viel Ordnung muss zu Hause sein?

Berichte von deiner Situation oder einem Erlebnis im Zusammenhang mit dem Thema.

Folie 2

Wie viel Ordnung muss zu Hause sein?

Meine persönlichen Erfahrungen

Berichte von der Situation in deinem Heimatland und gib Beispiele.

Folie 3

Wie viel Ordnung muss zu Hause sein?

Die Situation in meinem Heimatland

Nenne die Vor- und Nachteile und sag dazu deine Meinung. Gib auch Beispiele.

Folie 4

Wie viel Ordnung muss zu Hause sein?

Vor- und Nachteile & meine Meinung

Beende deine Präsentation und bedanke dich bei den Zuhörern.

Folie 5

Wie viel Ordnung muss zu Hause sein?

Abschluss & Dank

Teil 3 Über ein Thema sprechen

Nach deiner Präsentation:
Reagiere auf die Rückmeldung und auf Fragen der Prüfer/-innen und des Gesprächspartners / der Gesprächspartnerin.

Nach der Präsentation deines Partners / deiner Partnerin:
a) Gib eine Rückmeldung zur Präsentation deines Partners / deiner Partnerin (z.B. wie dir die Präsentation gefallen hat, was für dich neu oder besonders interessant war usw.).
b) Stelle auch eine Frage zur Präsentation deines Partners / deiner Partnerin.

Antwortbogen Lesen

TEIL 1

	Richtig	Falsch
1	☐	☐
2	☐	☐
3	☐	☐
4	☐	☐
5	☐	☐
6	☐	☐

TEIL 2

	a	b	c
7	☐	☐	☐
8	☐	☐	☐
9	☐	☐	☐
10	☐	☐	☐
11	☐	☐	☐
12	☐	☐	☐

TEIL 3

	a	b	c	d	e	f	g	h	i	j	0
13	☐	☐	☐	☐	☐	☐	☐	☐	☐	☐	☐
14	☐	☐	☐	☐	☐	☐	☐	☐	☐	☐	☐
15	☐	☐	☐	☐	☐	☐	☐	☐	☐	☐	☐
16	☐	☐	☐	☐	☐	☐	☐	☐	☐	☐	☐
17	☐	☐	☐	☐	☐	☐	☐	☐	☐	☐	☐
18	☐	☐	☐	☐	☐	☐	☐	☐	☐	☐	☐
19	☐	☐	☐	☐	☐	☐	☐	☐	☐	☐	☐

TEIL 4

	Ja	Nein
20	☐	☐
21	☐	☐
22	☐	☐
23	☐	☐
24	☐	☐
25	☐	☐
26	☐	☐

TEIL 5

	a	b	c
27	☐	☐	☐
28	☐	☐	☐
29	☐	☐	☐
30	☐	☐	☐

Gesamtergebnis: ☐ / 3 0

Antwortbogen Hören

TEIL 1

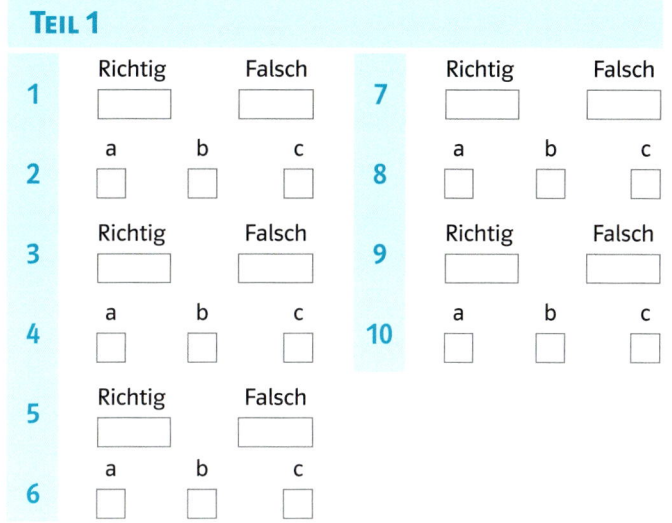

1 Richtig ☐ Falsch ☐

2 a ☐ b ☐ c ☐

3 Richtig ☐ Falsch ☐

4 a ☐ b ☐ c ☐

5 Richtig ☐ Falsch ☐

6 a ☐ b ☐ c ☐

7 Richtig ☐ Falsch ☐

8 a ☐ b ☐ c ☐

9 Richtig ☐ Falsch ☐

10 a ☐ b ☐ c ☐

TEIL 2

11 a ☐ b ☐ c ☐

12 a ☐ b ☐ c ☐

13 a ☐ b ☐ c ☐

14 a ☐ b ☐ c ☐

15 a ☐ b ☐ c ☐

TEIL 3

16 Ja ☐ Nein ☐

17 Ja ☐ Nein ☐

18 Ja ☐ Nein ☐

19 Ja ☐ Nein ☐

20 Ja ☐ Nein ☐

21 Ja ☐ Nein ☐

22 Ja ☐ Nein ☐

TEIL 4

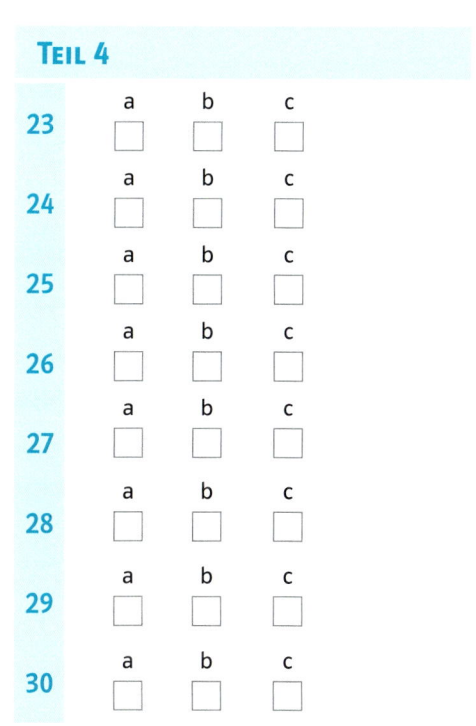

23 a ☐ b ☐ c ☐

24 a ☐ b ☐ c ☐

25 a ☐ b ☐ c ☐

26 a ☐ b ☐ c ☐

27 a ☐ b ☐ c ☐

28 a ☐ b ☐ c ☐

29 a ☐ b ☐ c ☐

30 a ☐ b ☐ c ☐

Gesamtergebnis: ☐ / 3 0

Antwortbogen Schreiben

Transkriptionen

Modelltest 1

Hören Teil 1

1

Beispiel: Im Kaufhaus hörst du folgende Durchsage.
Meine Damen und Herren, willkommen im Einkaufsparadies. Auf 6 Etagen bieten wir Ihnen alles, was das Herz begehrt. Auch diese Woche haben wir eine Menge Schnäppchen für Sie vorbereitet: In unserer Damenabteilung im 1. Stock finden Sie zum Beispiel ein großes Sortiment an warmen Damenpullovern im Angebot und in unserer Parfümabteilung bekommen Sie heute das Eau de Toilette „Made for Men" von Bruno Banani im 30-ml-Flacon für nur 12,95 €. Kommen Sie und greifen Sie zu, solange der Vorrat reicht!

2

Text 1: Du hörst eine Durchsage auf einem Sportfest.
Hallo, liebe Sportsfreunde, ich freue mich, euch mitteilen zu können, dass die nächste Siegerehrung und Preisverleihung in 5 Minuten hier auf der Bühne stattfinden kann. Ich bitte somit alle Teilnehmer des 5-Kilometer-Laufes hierher zu mir nach vorne zu kommen. Die Sieger werde ich dann bitten, auf die Bühne zu kommen. Außerdem habe ich gerade die Meldung erhalten, dass der Wettkampf im Weitsprung für die Junior-Herren in zehn Minuten beginnt. Alle Jungen, die daran teilnehmen möchten, werden also gebeten, sich so schnell wie möglich zur Sprunganlage zu begeben.

3

Text 2: Du hörst eine Nachricht auf der Mobilbox deines Telefons.
Hallo, ich bin's, Jan! Ich bekomme gleich eine Krise! Ich sitze hier schon seit drei Stunden bei den Mathehausaufgaben und verstehe gar nichts! Ich meine, diese Sache mit Sinus, Cosinus und Tangens? Hast du das verstanden? Kannst du mir helfen? Ruf doch bitte mal zurück!

4

Text 3: Du hörst den Wetterbericht im Radio.
Das Wetter bleibt in Schleswig-Holstein auch weiterhin unbeständig. Wolken, Sonne und Regen wechseln sich im Laufe des Tages ab. An der Küste sind sogar kurze Gewitter möglich. Auch morgen sieht es leider nicht besser aus: Die Temperaturen liegen dann bei 11 bis 13 Grad und die Sonne schafft es nur selten durch die dicke Wolkendecke. Erst übermorgen können wir mit 5 bis 6 Sonnenstunden rechnen. Allerdings weht dann auch ein frischer Wind von Westen.

5

Text 4: Du hörst folgende Nachricht auf der Mailbox deines Telefons.
Hallo, hier ist Lara! Ich rufe wegen deines Fernsehabends an. Ich komme natürlich gerne! Leider kann ich erst so gegen halb neun bei dir sein. Ich habe noch Jazzdance bis um acht Uhr, muss dann kurz duschen und fahre danach direkt zu dir. Was soll ich heute Abend denn mitbringen? Von Cola kann ich nachts nicht schlafen, aber ich könnte natürlich Limonade mitbringen. Und zum Essen Knabberzeug? Ich habe an Chips oder Nachos gedacht. Ist das okay?

6

Text 5: Du hörst eine Ansage im Radio.
Liebe Zuhörer, und jetzt ist wieder Zeit für unser beliebtes Ratespiel „Das Geräusch der Woche". Gleich hören Sie ein kurzes Geräusch und müssen erraten, was es ist. Wie immer machen wir es Ihnen nicht einfach. Hier kommt es: …
Na, was war das? Haben Sie eine Idee? Dann rufen Sie uns sofort an! Wer das Geräusch dieser Woche errät, gewinnt wie immer 4 Kinokarten.

Hören Teil 2

7

Hallo, liebe Leute! Mein Name ist Nico und ich freue mich, dass ihr hier seid, um bei mir das Snowboarden zu lernen. Ich verspreche euch, dass wir heute eine Menge Spaß zusammen haben werden, denn Snowboard fahren ist echt cool!
Ich arbeite mittlerweile schon die zehnte Wintersaison hier in Winterberg als Snowboardlehrer. Falls ihr euch fragt, was ich im Sommer mache: Im Sommer bin ich in St. Peter-Ording an der Nordsee und arbeite als Surflehrer.
So, nun möchte ich euch aber noch kurz etwas zum Skigebiet sagen: Wir haben hier 7 Berge mit 34 Abfahrten. Es ist natürlich für jeden etwas dabei, denn es gibt leichte, aber auch schwere Skipisten. Wir beginnen natürlich auf einer der blauen Strecken. Sie sind für Anfänger. Wenn wir gut vorankommen, können wir es vielleicht nachher schon mal wagen, gemeinsam eine rote Piste zu fahren.
So, zuerst fahren wir jetzt gleich mit dem Skilift nach oben auf den Bremberg. Dort erkläre ich euch dann die richtige Technik, um Snowboard zu fahren. Wir üben ein wenig oben am Berg und fahren dann gemeinsam die Skipiste hinunter.
Bevor es aber losgeht, muss ich euch noch auf ein paar Regeln hinweisen, die für alle Skiläufer und Snowboarder gelten:

An erster Stelle steht natürlich die Sicherheit. Jeder Skifahrer und Snowboarder muss Rücksicht auf alle anderen nehmen und muss sich so verhalten, dass er keine anderen Menschen in Gefahr bringt.

Wie beim Autofahren muss man immer vorsichtig fahren, und zwar so, dass man bei Gefahr immer bremsen kann, ohne jemanden dabei zu verletzen. Man muss also gut Abstand zu anderen Ski- und Snowboardfahrern haben, und auch damit rechnen, dass jemand vor einem auf der Piste ganz plötzlich bremst. Natürlich müssen wir unsere Geschwindigkeit auch unserem Können anpassen, dürfen also als Anfänger nicht einfach die Piste runterbrettern. Wenn die Pisten sehr voll sind, muss man langsamer fahren. Und auch wenn es anfängt zu schneien, denn dann kann man nicht so gut sehen. Wenn wir einen anderen Ski- oder Snowboardfahrer überholen wollen, können wir das von oben, von rechts oder von links tun. Wichtig ist aber auch hier: Abstand halten!

Besondere Vorsicht gilt beim Einfahren in eine Piste: Wir müssen sicher sein, dass wir niemandem vor die Füße fahren. Wenn wir anhalten wollen, dann bitte nur an freien, übersichtlichen Stellen.

So, das ist zunächst einmal alles. Wir bleiben ja zusammen und ich kann euch oben auf dem Berg noch weitere Regeln erklären. Kommt mit!

Hören Teil 3

8

Lara: Hi Felix!

Felix: Hallo Lara! Kalt heute, nicht wahr?

Lara: Ja, es ist echt kalt. Aber in einer Woche ist ja auch schon Weihnachten. Ich freue mich schon richtig!

Felix: Worauf? Auf Weihnachten?

Lara: Na klar! Freust du dich nicht?

Felix: Nein. Weihnachten ist mir egal. – Früher war es schöner…

Lara: Das stimmt, als kleines Kind war man immer so gespannt und konnte es gar nicht erwarten, die Geschenke zu bekommen.

Felix: Ich bekomme nur noch Geld von meinen Eltern zu Weihnachten. Das habe ich mir auch gewünscht. Ich kann es eben am besten gebrauchen.

Lara: Ach, aber dann packt ihr gar keine Geschenke mehr aus?

Felix: Nein, eigentlich nicht. Na ja, ich schenke meinen Eltern natürlich eine Kleinigkeit. Aber wir sitzen nicht rum und machen alle Bescherung, so wie früher.

Lara: Ach, das ist aber schade. Genau das finde ich immer so schön an Weihnachten! Die ganze

Familie sitzt um den Baum herum, alle packen ihre Geschenke aus, mein Vater hat die CD mit der Weihnachtsmusik angemacht, auf dem Tisch brennen Kerzen und wir stopfen uns dabei mit Keksen die Bäuche voll. Das ist für mich Weihnachten pur!

Felix: Ich glaube, ich mag keine Bräuche und Traditionen. Und meine Eltern auch nicht…

Lara: Hast du denn auch keinen Adventskalender?

Felix: Quatsch! Nein, ich bin doch kein kleines Kind mehr!

Lara: Du wirst lachen, aber für mich sind Adventskalender auch etwas für Große. Ich habe einen mit kleinen Bildern. Die glitzern. Da freue ich mich jeden Morgen drauf! Und mein Vater will auch immer noch einen Adventskalender von meiner Mutter haben. Aber keinen mit Bildern, sondern mit Schokolade. Er ist nämlich eine große Naschkatze. Meine Mutter stöhnt dann immer, aber sie kauft ihm doch einen. Natürlich mit der feinsten Schweizer Schokolade!

Felix: Hm, deine Eltern sind schon ein bisschen komisch, Lara.

Lara: Nein, sie sind nicht komisch, aber sie mögen Weihnachten. Meine Mutter schmückt die ganze Wohnung weihnachtlich, sie ist die ganze Zeit am Kekse-Backen und überlegt sich schon Wochen vorher, wie das Weihnachtsmenü aussehen soll.

Felix: Das kenne ich von meiner Mutter gar nicht.

Lara: Felix, ich habe eine Idee. Hast du Lust, heute Nachmittag mit mir Kekse zu backen? Das ist immer sehr lustig. Wir machen uns dann ein bisschen Weihnachtsmusik an und vielleicht gefällt es dir ja.

Felix: Hm, na ja, einen Versuch ist es vielleicht wert. Ich kann es ja mal ausprobieren!

Lara: Super, dann komm doch bitte heute um 16:00 Uhr zu mir.

Felix: Muss ich etwas mitbringen?

Lara: Nein, gar nichts. Doch, vielleicht ein bisschen Weihnachtsstimmung!

Hören Teil 4

9 🎯

Moderator: Hallo und willkommen bei unserer Sendung „Pro und Kontra". Heute geht es um das Thema „Schönheitsoperationen". Im Studio begrüße ich Karoline und Xenia, zwei sechzehnjährige Schülerinnen. Herzlich willkommen!

Karoline: Vielen Dank!

Xenia: Hallo!

Moderator: Jedes Jahr werden in Deutschland ungefähr 500 000 Schönheitsoperationen vorgenommen. Immer mehr Menschen legen sich unter das Messer und lassen sich die Ohren anlegen

Transkriptionen

oder die Nase gerade machen. Welcher Meinung seid ihr? Machen Schönheitsoperationen Sinn oder sind sie Unsinn? Xenia, was sagst du?

Xenia: Ich verstehe das nicht. Jeder Mensch ist doch individuell und man findet immer etwas, das einem nicht gefällt. Ich glaube nicht, dass ein Mensch mit einer geraden Nase besser lebt, als ein Mensch mit einer krummen Nase. Und wer sagt überhaupt, dass eine krumme Nase hässlich ist?

Karoline: Na, die Medien sagen das! Xenia, mal ganz ehrlich. Die Realität sieht doch so aus: Schauspielerinnen sehen immer perfekt aus, Sängerinnen sind meistens supersexy, Models werden immer dünner und in der Schule wird man schon gemobbt, wenn man einen Pickel auf der Nase hat. Mich überrascht es nicht, dass es in Deutschland so viele Verschönerungen von Gesicht, Bauch, Busen, Beinen oder Po gibt.

Moderator: Fünfhunderttausend! Die Tendenz ist steigend!

Karoline: Eben. Und für mich gibt es auch gute Gründe für eine Schönheitsoperation.

Moderator: Ja, welche sind das?

Karoline: Na ja, es ist zwar ungerecht, aber wahr: Schöne Menschen haben es leichter im Leben. Attraktivität bringt den Erfolg, sowohl in der Liebe, als auch später im Beruf. Egal ob bei einem Date oder einem Bewerbungsgespräch – der erste Eindruck zählt viel.

Moderator: Xenia, bist du der gleichen Meinung?

Xenia: Hm, ja es stimmt schon, was Karoline sagt, aber ich glaube, unsere Gesellschaft hat ein großes Problem. Es ist falsch, dass uns von den Medien eine Welt mit nur schönen Menschen gezeigt wird. Es wäre doch furchtbar langweilig, wenn wir alle nur schön aussehen würden. Ich möchte zum Beispiel nicht die Lippen von Angelina Jolie haben, nur weil alle sagen, wie sexy sie sind. Ich bin einzigartig, ich bin Xenia und keine Barbiepuppe!

Moderator: Gibt es denn etwas an dir, was du nicht so schön findest?

Xenia: Ja, meine Nase. Vor ein paar Jahren habe ich sie gehasst! Sie ist ziemlich krumm, weil mein Papa Grieche ist. Meine ganze griechische Familie hat krumme Nasen. Mein Freund hat mir dann aber einmal gesagt, dass er meine Nase sehr hübsch findet. Er sagte, ich bekomme durch sie ein interessantes Gesicht. Das fand ich natürlich toll! Seit dem Moment mag ich meine Nase auch und stehe zu ihr. Ich würde sie niemals operieren lassen, weiß aber auch, dass ich kein Modelgesicht habe und niemals Werbung für Gesichtscremen machen könnte.

Moderator: Zum Glück hat jeder Mensch auch eine andere Meinung von Schönheit. Ich finde es gut, dass du deine Nase jetzt magst und gut mit ihr leben kannst.

Karoline: Aber Xenia, nicht alle schaffen es, zu ihrem Aussehen zu stehen, so wie du. Viele sind nicht so selbstbewusst und finden sich ihr Leben lang hässlich. Sie leiden richtig und bekommen Komplexe. Ich bin der Meinung, dass es in solchen Fällen okay ist, sich operieren zu lassen. Wenn es dem Menschen hinterher hilft, sich wohler zu fühlen, dann soll er sich doch unter das Messer legen.

Moderator: Viele Schönheitsoperationen sind mittlerweile medizinische Routine, sodass auch die Risiken immer geringer werden. Zum Beispiel sind Narben oft kaum mehr sichtbar. Trotzdem wünsche ich allen Menschen, dass sie lernen, sich zu mögen und zu akzeptieren, so wie sie sind. Auch mit den kleinen und großen Fehlern, denn die machen einen Menschen doch gerade interessant! – Liebe Zuhörer, unsere Zeit ist schon wieder um und ich möchte mich von Ihnen verabschieden. Ich bedanke mich noch einmal bei meinen Studiogästen, kommen Sie gut ins Wochenende und bis zum nächsten Mal. Tschüs!

Modelltest 2

Hören Teil 1

10

Beispiel: Dein Nachbar hat folgende Nachricht auf dem Anrufbeantworter hinterlassen.
Guten Tag, Herr Müller! Hier ist Ihr Nachbar! Sie wissen ja, dass wir auf dem Weg in den Urlaub sind. Wir sind jetzt schon bei Ulm auf der Autobahn in Richtung Süden. Ich habe eine Bitte: Vielleicht hat meine Frau im Schlafzimmer das Fenster nicht zugemacht. Könnten Sie da bitte einmal nachschauen? Sie haben ja unseren Schlüssel. Vielen Dank und bis in zwei Wochen!

11

Text 1: Die Frau neben dir hört laut folgende Nachricht auf ihrer Mobilbox.
Hallo Mama, bist du beim Einkaufen? Ich bin schon von der Schule zurück. Die letzten zwei Stunden sind ausgefallen, weil Frau Heinze krank ist. Ich habe schon einen so großen Hunger! Was kann ich essen? Im Kühlschrank sind Eier und Schinken. Darf ich mir ein Omelett machen oder brauchst du die Zutaten für etwas anderes? Ruf mich doch bitte mal an! Ich esse sonst erst einmal ein Brot. – Ach, und noch eins: Kannst du mir bitte ein kariertes Din-A4-Heft für die Schule mitbringen? Ich brauche es für Mathe. Das alte Heft ist voll. Danke!

12

Text 2: Du hörst in der U-Bahn eine Durchsage.
Achtung, geehrte Fahrgäste, eine wichtige Durchsage. Wegen technischer Probleme fährt dieser Zug nicht bis zur Endstation Olympiazentrum, sondern endet am Scheidplatz. Dort haben Sie die Möglichkeit, entweder mit der U-Bahn-Linie 3 oder mit dem Bus Nummer 24 bis zum Olympiazentrum weiterzufahren. Die Haltestelle liegt direkt am U-Bahn-Ausgang. Ich wiederhole: Dieser Zug fährt nicht bis zum Olympiazentrum, sondern er endet am Scheidplatz. Bitte alle umsteigen.

13

Text 3: Du hörst eine Information im Radio.
Achtung, hier eine wichtige Meldung für den Bereich Oberfranken. Das Sturmtief „Petra" bringt in der Nacht starke Schneefälle mit hohen Schneeverwehungen mit sich. Somit ist in weiten Bereichen Oberfrankens der Unterricht abgesagt und die Schüler können sich über einen freien Tag zu Hause freuen. Nach dem jetzigen Stand fällt der Unterricht an allen Schulen in der Stadt und im

Landkreis Bayreuth sowie in Stadt und Landkreis Forchheim aus, ferner im Landkreis Hof, in Kulmbach, in Kronach und in Wunsiedel.

14

Text 4: Du hörst eine Nachricht auf der Mailbox deines Telefons.
Hi, hier ist Lisa! Bist du auch am Freitag zur Halloween-Party bei Julian eingeladen? Ich möchte gerne hingehen, aber ich weiß nicht, was ich anziehen soll. Ich habe in diesem Monat schon mein ganzes Taschengeld für andere Dinge ausgegeben und jetzt habe ich nichts mehr und kann noch nicht einmal ein paar lustige Accessoires kaufen. Meine Mutter will mir auch nichts geben. Hast du eine Idee? Du bist doch immer so kreativ. Vielleicht können wir uns aus alten Sachen Halloween-Kostüme basteln. Was sagst du dazu? Ruf mich so schnell wie möglich zurück! Bis nachher, tschüs!

15

Text 5: Du hörst folgende Nachricht beim Sportfest in der Schule.
Liebe Schüler und Schülerinnen, bitte beachtet folgende Planänderung: Aufgrund des schlechten Wetters müssen wir alle Wettläufe auf einen späteren Zeitpunkt verschieben. Es regnet schon seit einer halben Stunde wie aus Eimern und die Laufbahnen rund um den Platz sind momentan sehr nass und rutschig. Für alle Langläufer und Sprinter gilt also: Ihr müsst Geduld haben, wir mussten euren Start verschieben. Achtet bitte auf weitere Durchsagen, damit ihr rechtzeitig erfahrt, um wie viel Uhr euer Lauf nachgeholt wird. In der Zwischenzeit könnt ihr gerne an der Siegerehrung der Geräteturner teilnehmen. Sie findet hier am Schiedsrichterhäuschen, gleich neben mir, statt. Ich wünsche euch trotz Regen weiterhin viel Spaß und Erfolg! Alles andere später…

Hören Teil 2

16

Liebe Leute,
mein Name ist Tobi und ich bin hier im Schwimmbad der Bademeister. Seit drei Jahren arbeite ich auch als Rettungsschwimmer für die DLRG.
Bevor ihr ins Wasser geht und euren Spaß habt, muss ich euch mit ein paar wichtigen Regeln vertraut machen, die hier im Schwimmbad gelten. Sicherlich kennt ihr die meisten schon …
Die erste Regel ist:
Geht nicht mit vollem oder leerem Magen schwimmen. Am besten ist, wenn ihr einen kleinen

Transkriptionen

Snack vorher hattet, aber stopft euch nicht den Bauch mit Eis und Pommes voll, bevor ihr badet. Denkt auch daran, euch unter der Dusche kurz abzukühlen, bevor ihr schwimmen geht.

Gibt es Schüler oder Schülerinnen in der Klasse, die nicht schwimmen können? – Ja? Dann geht nicht weiter als bis zum Bauch ins Wasser. Wenn ihr Lust habt, kann ich euch nachher um 12 Uhr zu einem kleinen Schwimmkurs einladen. Kommt doch einfach gleich mal zu mir, wenn ich hier fertig bin, dann können wir alles besprechen.

So und nun noch was: Ihr dürft im gesamten Schwimmbad nicht laufen! Der Boden ist glatt und nass und ihr könnt leicht ausrutschen und hinfallen. Es ist außerdem verboten, andere ins Wasser zu stoßen oder im Wasser unterzutauchen. Allgemein gilt: Nehmt Rücksicht auf alle anderen Schwimmer. Besonders auf Kinder und ältere Menschen. Wenn ihr ins Wasser springen wollt, dann bitte nur von den Sprungtürmen. Achtet darauf, dass ihr diszipliniert springt und niemanden in Gefahr bringt. Ist euch kalt im Wasser und ihr fangt an zu frieren? Dann raus!

So, ich glaube, das ist alles. Habt ihr noch Fragen? – Nein? Dann wünsche ich euch viel Spaß.

Hören Teil 3

17

Resi: Hallöchen Noah!

Noah: Hi Resi! Wie geht es dir? Mensch, du siehst ja wieder gut aus. Hast du neue Klamotten?

Resi: Ja, ich war gestern mit Jule und Tanja einkaufen.

Noah: Warum gebt ihr Mädchen eigentlich immer so viel Geld für Klamotten aus?

Resi: Weil wir die Komplimente von den Jungen lieben und gerne hübsch aussehen! Ich fühle mich wohl, wenn ich modisch angezogen bin, aber das verstehst du wohl nicht.

Noah: Doch, das verstehe ich. Aber ich würde mein Taschengeld niemals für Klamotten ausgeben.

Resi: Und wer kauft dir deine T-Shirts, Jacken und Hosen?

Noah: Meine Mutter bringt sie mir mit. Ich ziehe das an, was sie für mich einkauft. Meine Mutter hat einen guten Geschmack, was Mode betrifft! Mir gefällt alles, was sie mir aus der Stadt mitbringt.

Resi: Oh Noah, du bist aber ein Muttersöhnchen! Meine Mutter kauft mir keine Kleidung mehr, seit ich zehn bin. Sie gibt mir Geld und dann kann ich selbst entscheiden, was ich mir dafür kaufe.

Noah: Und was ist, wenn du etwas kaufst, was sie nicht mag?

Resi: Dann gibt es Streit. Im Oktober sollte ich mir eine dicke Winterjacke kaufen, aber die Jacken waren alle doof. Ich habe mir dann eine Jacke gekauft, die nicht sehr warm war. Ich konnte ja einen Pullover unterziehen.

Noah: Und dann?

Resi: Als ich nach Hause kam, ist meine Mutter ausgeflippt. Sie sagte, dass ich diese Jacke nicht im kalten Winter tragen könnte. Und sie hat mir gesagt, ich soll sie sofort zurück in das Geschäft bringen.

Noah: Und, hast du die Jacke zurück ins Geschäft gebracht?

Resi: Na klar. Das habe ich dann auch gemacht. Es war ein bisschen schade, denn die Jacke war toll, aber ich habe meine Mutter auch irgendwie verstanden.

Noah: Mensch Resi, ich habe eine Idee. Hättest du nicht Lust, mit mir einkaufen zu gehen? Ich brauche noch dringend ein Sweatshirt und eine Mütze.

Resi: Oh, gerne!

Hören Teil 4

18

Moderator: Hallo und willkommen bei unserer Sendung „Pro und Kontra". Heute habe ich wieder zwei Gäste in mein Studio eingeladen: Frau Berger und Herrn Schuster. Guten Tag!

Frau Berger: Hallo!

Herr Schuster: Guten Tag!

Moderator: Unser Thema heute ist die Zukunft von Büchern. E-Books sind der große Renner und immer mehr Menschen wollen nur noch elektronisch lesen, nicht nur Technikfreaks. – Herr Schuster, Sie sagen, dass Bücher keine Zukunft haben, dass es also bald keine Bücher mehr geben wird. Wie kann das sein?

Herr Schuster: Na ja, Sie sagten es schon, man liest immer mehr E-Books. Für mich ist es nur eine Frage der Zeit, bis das Buch ausstirbt, und eines Tages wird es nur noch in Museen zu sehen sein.

Moderator: Lesen Sie denn überhaupt gerne?

Herr Schuster: Ja, auf jeden Fall. Ich finde Lesen super! Und eigentlich finde ich auch Bücher super. Ich mag das Umblättern der Seiten, Bibliotheken und fremde Bücherregale. Aber inzwischen sind wir an einem Punkt angekommen, wo Bücher einfach nicht mehr zeitgemäß sind. Die Technik hat sich so schnell entwickelt. Man braucht einfach kein Papier mehr, um Bücher zu lesen.

Moderator: Frau Berger, was sagen Sie dazu?

Frau Berger: Ich bin da ganz anderer Meinung. Bücher haben eine Zukunft! Sie haben eine lange Vergangenheit und Tradition. Bücher können nicht einfach verdrängt werden, auch wenn das digitale Buch sich durchsetzt. Ich glaube, dass wir Bücher immer lieben werden und ein neues Bewusstsein für das gedruckte Buch entwickeln.

Moderator: Warum ist das gedruckte Buch für Sie etwas ganz Besonderes?

Frau Berger: Ein Buch hat für mich einen hohen emotionalen Wert. Zwischen den Seiten findet man häufig Erinnerungen, individuelle Kaffeeflecken, Markierungen und Bleistiftkritzeleien oder auch den Sand vom letzten Urlaub. Gedruckte Bücher sind greifbar und materiell. Ein Buch, das ich liebe, nehme ich immer wieder aus dem Bücherregal, lese meine Lieblingsseiten und stelle es dann wieder zurück. Virtuelle Bücher sind austauschbar. Sie verschwinden mit einem Klick und werden vergessen.

Moderator: Eigentlich begann die Geschichte des E-Books mit Wikipedia, denn plötzlich ersetzte Wikipedia die dicken Enzyklopädien. Aber ich bin ehrlich: Wenn ich die Wahl habe zwischen einer schnellen Suche am Computer und einer Suche, bei der ich 20 dicke Bücher wälzen muss, dann entscheide ich mich gerne für das Internet. Wie ist das bei Ihnen, Herr Schuster?

Herr Schuster: Ich habe natürlich auch keine Enzyklopädien mehr in meinem Schrank stehen und ich möchte auf mein E-Book nicht mehr verzichten. Es ist fantastisch, ich kann alle meine Bücher auf einmal mit mir herumtragen. Bücher sind mir inzwischen zu unpraktisch und unhandlich geworden.

Moderator: Aber haben Sie keine Angst, dass Ihnen Ihr E-Book-Reader geklaut wird oder er verloren geht? Dann ist ihre ganze Bibliothek weg.

Herr Schuster: Nein, eigentlich nicht. Ich muss ja auch auf mein Laptop, mein Handy und mein Portmonee aufpassen, damit ich sie nicht verliere. Natürlich passe ich auch auf meinen E-Book-Reader auf.

Frau Berger: Aber Herr Schuster, finden Sie nicht auch, dass das Rascheln des Papiers beim Umblättern einer Buchseite viel romantischer ist, als ein kalter Bildschirm und ab und zu ein Klick?

Herr Schuster: Ja, natürlich, da haben Sie recht. Aber, Frau Berger, denken Sie bitte an meine Worte, wenn Sie das nächste Mal mit ihrem Taschenbuch im Regen stehen: Digitale Bücher sind schon eine verdammt praktische Sache!

Moderator: So, ich muss leider an dieser Stelle unterbrechen, unsere Zeit ist schon wieder um. Ich möchte mich bei meinen Studiogästen bedanken und mich von den Hörern verabschieden. Noch ein paar Worte zum Schluss: Ob Bücher oder E-Books, das Lesen kommt hoffentlich nie aus der Mode! Auf Wiederhören!

Transkriptionen

Modelltest 3

Hören Teil 1

19

Beispiel: Du hörst folgenden Text im Radio.
Liebe Hörerinnen und Hörer! Und jetzt kommt der Wetterbericht für morgen, den 11. April. Das Wetter ist freundlich und trocken, es scheint überwiegend die Sonne und nur ab und zu ziehen kleine Wolken über den Himmel. Die Temperatur liegt bei 18 Grad, an der Küste bei 14 Grad. Auch in den nächsten Tagen bleibt das Wetter beständig. Erst zum Wochenende müssen wir mit Regen und Wind rechnen.

20

Text 1: Die Frau neben dir hört laut folgende Nachricht auf ihrer Mobilbox.
Hallo Mama, ich bin's, Katy. Du, ich habe wieder meinen Schlüssel vergessen. Bei uns sind heute in der Schule zwei Stunden Mathe ausgefallen und ich bin schon zu Hause. Jetzt stehe ich hier vor der Haustür und du bist nicht da. Wo bist du denn? Frau Heitmann ist auch nicht zu Hause. Sie hat ja unseren Ersatzschlüssel… Wenn du in der nächsten Stunde nicht nach Hause kommst, dann gehe ich rüber zu Tina.

21

Text 2: Du hörst eine Durchsage am Flughafen.
Sehr geehrte Fluggäste des Fluges LH4345 nach Mailand-Malpensa. Leider müssen wir Ihnen mitteilen, dass Ihr Flug aufgrund technischer Probleme soeben gestrichen wurde. Ich wiederhole: Der Flug LH4345 nach Mailand-Malpensa, geplanter Abflug 16:30 Uhr, wurde auf Grund technischer Probleme gestrichen. Die Fluggäste dieses Fluges werden gebeten, sich umgehend zum Lufthansa-Schalter zu begeben. Dort wird man Sie auf die nächstmöglichen Flüge umbuchen. Vielen Dank für Ihr Verständnis!

22

Text 3: Du hörst folgende Nachricht auf der Mobilbox deines Telefons.
Hallo, hier ist Ramona! Ich rufe dich wegen der Party bei Florian an. Du bist doch auch am Samstagabend bei ihm eingeladen, oder? Ich wollte dich fragen, ob wir vielleicht gemeinsam hinfahren können. Er wohnt doch in Hoisdorf und ich weiß nicht, ob ein Bus bis dahin fährt. Ich war noch nie bei ihm. Weißt du, wie wir dorthin kommen? Ich habe mir auch Gedanken über ein Geschenk für Florian gemacht. Aber mir fällt nichts ein. Hast du eine Idee? Worüber würde er sich freuen? Ruf mich doch bitte zurück!

23

Text 4: Du hörst folgende Durchsage im Radio.
Hier sind wir wieder mit unserer Sendung „Wünsch dir was". In der letzten Woche haben uns wieder viele Hörerinnen und Hörer angerufen, um sich ihren Lieblingssong zu wünschen. Der erste Wunsch kommt von Katinka Maas aus Bochum. Sie wünscht sich „Hollywood Hills" von Sunrise Avenue und hat eine ganz besondere Geschichte zu dem Lied. Sie hat uns erzählt, dass sie mit ihrem jetzigen Freund Tobias seit einem Konzert der finnischen Band vor drei Jahren zusammen ist. Bei „Hollywood Hills" haben sich die beiden das erste Mal geküsst. Katinka, Tobias, hier kommt euer Song!

24

Text 5: Du hörst eine Durchsage im Fitnesscenter.
Achtung, liebe Sportlerinnen und Sportler! Heute Nachmittag um 16:00 Uhr findet der neue Zumba-Kurs mit Carmen statt. Zumba ist ein von Lateinamerika inspirierter Tanz – ein Fitness-Workout ganz besonderer Art. Es setzt sich aus lateinamerikanischen und internationalen Tanzbewegungen zusammen. Die explosiven Rhythmen der lateinamerikanischen Musik wirken ansteckend und machen einfach gute Laune. In diesem Workout sind schnelle und langsame Rhythmen kombiniert, um eine einzigartige Balance von Muskelaufbau und Konditionsverbesserung zu erreichen. Wir hoffen, viele von euch mit Zumba begeistern zu können! Probiert es aus und kommt zur kostenlosen Probestunde! Heute um 16:00 Uhr geht es los. Carmen erwartet euch!

Hören Teil 2

25

Hallo liebe Leute! Ruhe, Ruhe bitte! Ich möchte etwas sagen. Bitte seid doch mal alle ruhig, ja? – Vielen Dank! Also erstmal hallo und schön, dass ihr da seid! Für alle, die mich nicht kennen, ich bin Felix und gehe in die 13. Klasse. Wie ihr wisst, haben wir gerade alle unser Abitur gemacht und aus diesem Grund sind wir heute hier und wollen feiern. Macht euch also bereit für die ultimative Abi-Feier!
Ich möchte noch ein paar Dinge zum Ablauf des Abends sagen:
Zuerst haben wir Schüler der Abi-Klasse ein paar Sketche vorbereitet. Hierbei bitten wir unsere Lehrer sich ganz nach vorne in die erste Reihe zu setzen. Natürlich ziehen wir sie ein wenig durch den Kakao und revanchieren uns für alle doofen Klassenarbeiten und Hausaufgaben.
Nach den Sketchen verteilen meine hübschen Mitschülerinnen Saskia und Alina Liedertexte. Jetzt

ist eure Mitarbeit gefragt, denn wir wollen alle zusammen ein paar Lieder singen. Die Melodien kennt ihr garantiert. Nur die Texte der Lieder haben wir ein wenig umgeschrieben.

Danach folgt ein Chemieversuch, den Michael und Jannik vorbereitet haben. Unser Chemielehrer Herr Richter wird an dieser Stelle gebeten, auf die Bühne zu kommen, denn er ist der Assistent. Man sagte mir, dass es bei dem Versuch heftig knallen und rauchen würde. Lasst euch also überraschen!

Nach einer kurzen Abschlussrede, die unsere Klassensprecherin Tatjana hält, wird dann endlich das Büffet eröffnet. Dann könnt ihr euch alle satt essen. Wir haben eine Menge Leckereien für euch vorbereitet. Es gibt Würstchen vom Grill, Kartoffel- und Nudelsalate, belegte Brötchen und Frikadellen. Zum Dessert haben wir einen echten italienischen Eiswagen bestellt. Er steht vor der Turnhalle und da könnt ihr euch so viel Eis holen, wie ihr wollt!

Um 21:00 Uhr fängt Matze an, in der Sporthalle Musik zu machen. Er steht als DJ den ganzen Abend hinter dem Mischpult und legt das auf, was ihr hören möchtet: Pop, Rock, Punk, Metal oder elektronische Musik. Dazu wird natürlich getanzt.

Ach, eins habe ich vergessen. Getränke bekommt ihr in der Mensa. Und noch eine Bitte: Alkoholische Getränke sind hier in der Schule absolut verboten. Versucht bitte nicht, Alkohol mit auf die Party zu bringen oder ihn draußen vor dem Schultor zu trinken.

Für die Schüler und Schülerinnen ab der 10. Klasse ist die Abi-Feier um Mitternacht, also um 24:00 Uhr, zu Ende. Für alle Jüngeren bereits um 22:00 Uhr.

So und nun wünsche ich euch noch viel Spaß!

Hören Teil 3

26 ◉

Sophie: Hallo Dennis!
Dennis: Hi Sophie!
Sophie: Puh, endlich ist der Sportunterricht zu Ende!
Dennis: Endlich? Sport macht doch Spaß!
Sophie: Was? Ach nein, Sport ist Mord!
Dennis: Ich hätte gerne noch mehr Stunden Sport. Besonders nach einer Klassenarbeit! Ja, nach einer Arbeit sollte es immer zwei Sportstunden geben. Da kann man doch mal so richtig abschalten und sich auspowern.
Sophie: Ich finde Sport immer so anstrengend. Ich hätte nach einer Arbeit lieber Kunstunterricht. Beim Malen und Zeichnen kann ich richtig abschalten und mich erholen.
Dennis: Aber Sophie, Sport ist sehr gesund! Es ist wichtig, dass wir Sportunterricht in der Schule haben. Du willst doch lange fit bleiben, oder?

Sophie: Ja, schon, aber ich mag Sport nicht. Da gucken alle immer so und lachen, wenn man eine Übung nicht kann.
Dennis: Oh, das ist doof. Aber bist du sicher, dass deine Klassenkameraden über dich lachen? Wir haben das Problem in unserer Klasse nicht. Es macht doch nichts, wenn jemand in Sport nicht so gut ist. Dafür kann er vielleicht Mathe besser.
Sophie: Sport ist aber bei uns viel wichtiger als Mathe. Wer ein Ass in Sport ist, der ist beliebt, den finden alle toll und vor dem hat man Respekt. Sportliche Schüler haben es bei uns in der Klasse leichter. Das finde ich so frustrierend! Über uns Unsportliche lacht man einfach nur.
Dennis: Oh Sophie, das tut mir leid. Hast du schon einmal mit dem Lehrer darüber gesprochen?
Sophie: Ja, das habe ich, vor ein paar Monaten. Aber es hat sich leider nichts geändert. In den nächsten Sportstunden war es zwar ein wenig besser, aber jetzt ist alles wieder so wie früher. Ich hasse Sport! Nächste Woche gehe ich nicht hin.
Dennis: Sophie, geh noch einmal zu deinem Lehrer. Du musst ihm von der Situation erzählen. So geht das nicht weiter. Das ist respektlos und unsportlich! Der Lehrer muss noch einmal mit der ganzen Klasse über ihr Verhalten reden.
Sophie: Ja, du hast wahrscheinlich recht. Ich gehe in der nächsten Pause ins Lehrerzimmer und suche ihn.
Dennis: Ganz bestimmt, Sophie?
Sophie: Ja, ganz bestimmt!
Dennis: Das Verhalten deiner Mitschüler ist wirklich unsportlich. Ich habe aber noch eine Idee, Sophie. Möchtest du nicht heute Nachmittag mit mir in die Karate-Schule kommen? Ich gebe dort einen Anfängerkurs. Du kannst es dir doch mal anschauen.
Sophie: Ich, Karate? Ach, ich weiß nicht. Ich habe noch nie einen Kampfsport ausprobiert.
Dennis: Irgendwann ist immer das erste Mal. Komm doch mit! Karate ist gut für dein Selbstbewusstsein. Es macht dich stark und das nächste Mal stört dich das Gelächter deiner Mitschüler vielleicht gar nicht mehr so sehr.
Sophie: Na, wenn du meinst… Auf jeden Fall vielen Dank, Dennis, für deine Tipps. Ja, ist gut, ich komme dann heute Nachmittag beim Karatekurs vorbei. Muss ich was mitbringen?
Dennis: Bequeme Klamotten und Wasser zum Trinken.
Sophie: Prima, bis später!
Dennis: Tschüs, Sophie!

Transkriptionen

Hören Teil 4

27

Moderator: Guten Morgen und herzlich willkommen bei unserer Sendung „Pro und Kontra". Heute begrüße ich zwei Schüler der Willy-Brandt-Gesamtschule aus Magdeburg, Roman und Jessica. Wir möchten zusammen über das Thema Umweltschutz sprechen und ich bin sehr gespannt, was die beiden mir zu sagen haben. Erst einmal hallo.

Roman: Hallo.

Jessica: Hi.

Moderator: Das Thema Umweltschutz ist immer aktuell. Irgendwie kommt es leider nie aus der Mode. Fast jeden Tag hören wir in den Nachrichten Meldungen, die unsere Umwelt betreffen. Leider sind es oft keine guten. Gletscher, die schmelzen, Flüsse und Meere, die verdrecken, Orkane, Hurricanes und Tsunamis. Roman, wie siehst du die Zukunft unseres Planeten?

Roman: Tja, für mich ist es fünf vor zwölf. Aber ich kann mir nicht vorstellen, dass die Menschen ihren eigenen Planeten so sehr zerstören, dass wir hier eines Tages nicht mehr leben können. Wir müssen positiv in die Zukunft sehen, aber wir müssen alle umdenken und mit allen Mitteln unsere Umwelt schützen. Jetzt, sofort.

Moderator: Was können wir tun?

Roman: Oh, viel. Zuerst einmal keinen Müll in die Natur werfen. Viele von uns lassen zum Beispiel ihr Bonbonpapier einfach fallen oder spucken ihr altes Kaugummi auf den Boden. Das geht gar nicht. Müll gehört natürlich in den Mülleimer und nicht auf die Straße. Wir müssen allgemein versuchen, weniger Müll zu produzieren. Man kann also statt Einwegflaschen recycelbare Flaschen wählen. Das Pausenbrot sollten wir lieber nicht in Plastiktüten mit in die Schule nehmen, sondern in Brotdosen. Die kann man immer wieder saubermachen und wieder benutzen. Statt uns jeden Morgen mit dem Auto von Mama zur Schule fahren zu lassen, sollten wir lieber alleine mit dem Fahrrad fahren. Das ist auch besser für unsere Gesundheit und Fitness.

Moderator: Jessica, fährst du mit dem Fahrrad zur Schule, um die Umwelt zu schützen?

Jessica: Nein, eigentlich nicht, nur ab und zu im Sommer, wenn das Wetter gut ist. Bei Regen oder Kälte ist mir das zu weit. Ich wohne in einem kleinen Ort außerhalb von Magdeburg. Meine Mutter fährt mich und meinen Bruder jeden Tag mit dem Auto zur Schule und holt uns auch wieder ab.

Roman: Aber warum fährst du nicht mit dem Bus, Jessica? Das ist viel umweltfreundlicher.

Jessica: Die Busse fahren so blöd. Nur alle halbe Stunde, außerdem muss ich einmal umsteigen. Mit dem Auto spare ich eine halbe Stunde Zeit.

Roman: Und wenn du im Stau stehst?

Jessica: Dann natürlich nicht.

Roman: Ich finde es doof, dass du nicht an die Umwelt denkst und mit dem Auto fährst.

Jessica: Habt ihr denn kein Auto?

Roman: Doch, aber nur eins. Und wenn es möglich ist, lassen meine Eltern es in der Garage. Mein Vater, und auch meine Mutter, fahren mit dem Bus zur Arbeit. Auch zum Einkaufen nimmt meine Mutter oft das Fahrrad. Das ist viel umweltfreundlicher.

Moderator: Vor ein paar Tagen war ein interessanter Artikel über die Stadt Kigali in Ruanda, in Afrika in der Zeitung. Dort helfen alle Bewohner am letzten Samstag im Monat mit, die Stadt sauber zu machen. Männer, Frauen und Kinder sieht man dann auf den Straßen und in den Parks. Sie sammeln Müll, fegen die Gehwege und pflanzen Blumen. Viele stöhnen dann zwar über die viele Arbeit, aber hinterher sind alle stolz. Kigali ist die sauberste Stadt Afrikas und die Straßen sind blitzblank. Was sagt ihr dazu? Wäre so eine Aktion auch in Magdeburg möglich?

Jessica: Ach, ich weiß nicht. Ich glaube nicht, dass die Leute mithelfen würden, die Straßen zu putzen. Ich hätte keine Lust, den Dreck der anderen wegzumachen.

Roman: Ich finde die Aktion toll. Ich glaube, dass man dabei auch lernt, viel umweltbewusster zu sein. Vielleicht hören die Menschen dann endlich auf, ihren Müll auf die Straße zu werfen. Wenn sie ihn wegmachen müssen, merken sie hoffentlich, wie eklig das ist.

Moderator: In Ruanda sind seit vielen Jahren auch Plastiktüten verboten, sogar am Flughafen gibt es Gepäckkontrollen. Es dürfen auch keine Plastiktüten ins Land gebracht werden. Am Flughafen kann man aber Taschen aus Baumwollstoff kaufen.

Roman: Das ist super! Daran sollten wir uns hier in Europa mal ein Beispiel nehmen.

Moderator: So, ihr Lieben. Vielen Dank für das Gespräch. Unsere Zeit ist leider schon wieder um. Ich sage Tschüss und bis zum nächsten Mal bei „Pro und Kontra".

Modelltest 4

Hören Teil 1

28

Beispiel: Du hörst folgende Nachricht auf deiner Mailbox.
Huhu, hier ist Fee! Ich wollte dich fragen, ob du Lust hast, heute mit mir ins Kino zu gehen. Ich möchte so gerne den neuen Film mit Til Schweiger sehen. Du magst doch Til Schweiger auch so gerne, oder? Um 17:00 Uhr läuft eine Vorstellung im UCI. Wir müssen aber etwas früher da sein. Die Karten sind bestimmt schnell weg. Wollen wir uns vielleicht schon um 15:00 Uhr vor dem Kino treffen? Dann gehen wir gleich an die Kasse, kaufen die Karten und gehen dann noch ein bisschen bummeln, bis der Film anfängt. Hey, melde dich! Tschüs!

29

Text 1: Du hörst den Wetterbericht im Radio.
Und hier ist das Wetter für Freitag, den 27. Oktober: Im Norden und in der Mitte Deutschlands stark bewölkt, zeitweise gibt es Regen. Im Süden teils sonnig, teils wolkig. Gebietsweise kann es hier zu Nebel oder Hochnebel kommen. An der Küste und im Bergland ist es windig. Die Höchsttemperaturen liegen an der Küste und im Norden bei 10 Grad, im Süden zwischen 7 Grad in höheren Lagen und bis 14 Grad im Flachland. Örtlich können dort bei längerem Sonnenschein 16 Grad erreicht werden. In der Nacht zum Samstag nimmt der Wind deutlich zu.

30

Text 2: Deine Freundin hört folgende Nachricht auf ihrer Mobilbox.
Hallo Frieda, hier ist Frau Berger. Ich wollte dich fragen, ob du am kommenden Samstagabend Zeit zum Babysitten hast. Das wäre toll! Wir müssten gegen 19:30 Uhr los. Es wäre gut, wenn du etwas früher kommen könntest. Vielleicht so gegen 18:30 Uhr? Ich mache Leni schon vorher bettfertig. Abendbrot hat sie dann auch schon gegessen. Du brauchst sie also nur noch ins Bett zu bringen. Wie immer bekommst du 5 Euro pro Stunde. Gegen 23:00 Uhr sind wir wieder zurück. Bitte melde dich doch, damit ich weiß, ob du Zeit hast. Danke!

31

Text 3: Du hörst eine Durchsage in der Schule.
Hallo liebe Schülerinnen und Schüler! Wir möchten euch auf eine Aktion unserer Umwelt-AG hinweisen: Heute in der großen Pause werden wir auf dem Schulhof Eimer und Zangen verteilen. Wir bitten euch, damit den Müll aufzusammeln, der auf unserem Schulhof und in den Büschen rumliegt. Wir haben beobachtet, dass immer wieder Papierschnipsel, Kaugummipapier oder auch Getränkedosen neben den Mülleimern landen und nicht darin! Das geht so nicht! Bitte unterstützt unsere Aktion und macht alle mit. In einer sauberen Schule lässt es sich doch viel besser lernen!

32

Text 4: Du hörst folgende Nachricht im Einkaufszentrum.
Liebe Kinder, bald ist Weihnachten und wir haben eine wunderbare Aktion für euch geplant. Im ersten Stock – neben den Fahrstühlen – haben wir eine Keksbackstube für euch aufgebaut. Heute Nachmittag um 15:00 Uhr geht es los! Dann könnt ihr dort leckere Weihnachtskekse backen und sie natürlich auch verzieren. Eure Eltern können in der Zwischenzeit weiter gemütlich einkaufen, denn ihr werdet von unserem Personal gut betreut. Da nur 20 Kinder gleichzeitig backen können, meldet euch bitte vorher an. Die Aktion dauert circa 1 Stunde. Zu jeder vollen Stunde beginnt eine neue Gruppe. Die Kekse dürft ihr danach selbstverständlich mit nach Hause nehmen!

33

Text 5: Du hörst folgende Nachricht auf deiner Mailbox.
Hallo Christian, hier ist deine Mutter! Der Kieferorthopäde hat gerade bei uns angerufen: Du hast schon wieder deinen Termin verpasst! Junge, wo hast du bloß deinen Kopf! Ich habe keine Lust mehr, dir immer wieder Bescheid zu sagen und dich an alles erinnern zu müssen. Wir haben jetzt einen neuen Termin in zwei Wochen für dich vereinbart. Schreibe ihn dir gleich auf: Er ist am Dienstag, den 6. Mai, um 15:30 Uhr. Und noch eins: Sei bitte heute um 19:00 Uhr zu Hause. Du musst noch Hausaufgaben machen!

Hören Teil 2

34

Liebe Hörerinnen und Hörer,
kaum ist der Sommer vorbei, steht das nächste große Ereignis vor der Tür: St. Martin! Ganz nach alter Tradition gibt es auch dieses Jahr in unserem schönen Städtchen einen großen Umzug! Am Samstag, 12. November um 17:30 Uhr geht es an der Grundschule los. Wir erwarten natürlich alle Kinder mit bunten Laternen!
Ein großes Dankeschön geht auch dieses Jahr wieder an die Freiwillige Feuerwehr mit ihrer Musikkapelle.

Transkriptionen

Sie wird den Umzug wie gewohnt anführen und bekannte Laternenlieder spielen. Dabei sollen natürlich alle Leute – ob klein oder groß, ob jung oder alt – kräftig mitsingen!

Der Weg des Laternenumzugs führt uns zuerst durch die Graf-Luitpold-Straße und dann in die Schlossstraße. Danach geht es weiter bis zur Mittelstraße. Im Neubaugebiet werden dann die Margarethenstraße und der Pastorenplatz besucht, bevor es durch die Kapellenstraße und den Willinger Weg zum Schlosshof geht. Hier findet dann zum Abschluss, etwa um 18.30 Uhr, vor prächtiger Kulisse das traditionelle Martinsspiel statt. Außerdem gibt es einen Stand mit Würstchen und einen mit heißem Tee und Kakao.

Noch eine wichtige Sache zum Schluss: Das Martinskomitee weist darauf hin, dass die Geschenktüten, auch die für die Senioren, erst nach dem Umzug ab 18:30 Uhr ausgegeben werden. Fleißige Sammler sind bereits jetzt unterwegs und bitten um Spenden für das Befüllen der Tüten. Der Vorsitzende Christian Peters bittet, die Damen und Herren an der Haustür freundlichst zu empfangen. Gesammelt werden alle möglichen Leckereien. Äpfel, Nüsse, Kekse, Schokolade und Bonbons. Für das Verteilen der Tüten werden noch fleißige Helfer gesucht. Wer Interesse hat, meldet sich bitte bei Frau Marianne Wolf. Sie organisiert die Geschenktüten-Aktion. Ihre Telefonnummer ist: 028 44 46 83. Ich wiederhole: 028 44 46 83. Vielen Dank!

Noch eine Bitte an alle Leute unseres Städtchens: Bitte schmückt doch die Straßen, eure Häuser und Gärten wieder so wunderschön mit Lichtern und Laternen. Das hat mittlerweile Tradition hier. Die Atmosphäre ist dann immer besonders bezaubernd! So, das ist alles für heute. Jetzt wünschen wir uns alle, dass das Wetter mitspielt und es am Samstag trocken bleibt. Viel Spaß noch beim Laternenbasteln und bei den Vorbereitungen.

Hören Teil 3

35

Lionel: Papa, ich brauche dringend einen Fernseher im Zimmer!

Vater: Das kommt gar nicht in Frage, Lionel. Du sitzt dann nur vor dem Fernseher und machst nichts für die Schule.

Lionel: Das ist nicht wahr. Aber ich muss nach dem Schulstress doch auch ein wenig abschalten und entspannen! Nachdem ich eine Unterhaltungsshow, wie zum Beispiel eine Realityshow, gesehen habe, die mich zum Lachen bringt, bin ich wieder viel entspannter und motivierter, um für die Schule zu lernen.

Vater: Das glaube ich nicht. Du hast noch kein Gefühl dafür, wann du den Fernseher wieder ausmachen musst. Gerade die Realityshows am Nachmittag machen dich dumm und doof, weil sie dumm und doof sind.

Lionel: Aber Papa, das war doch nur ein Beispiel. Mit einem Fernseher im Zimmer wäre ich natürlich auch viel besser über die Geschehnisse der Welt informiert, da die Nachrichten fast rund um die Uhr ausgestrahlt werden, wie die Tagesschau, das Morgenmagazin im ZDF und interessante Dokumentarfilme wie zum Beispiel Terra X oder Planet Erde.

Vater: Ich habe gerade in einer Statistik gelesen, dass Kinder und Jugendliche, die einen Fernseher im Zimmer haben, doppelt so viel fernsehen wie andere. Somit besteht die Gefahr, fernsehsüchtig zu werden.

Lionel: Ach, das passiert mir doch nicht. Ich sitze dann doch nicht nur vor dem Fernseher. Schließlich gehe ich ja auch noch zweimal in der Woche zum Fußballtraining.

Vater: Und das ist auch gut so! An einer amerikanischen High School machte man ein Projekt: Die Schüler sollten 6 Monate lang auf ihren Fernseher im Zimmer verzichten. Was meinst du, was das Ergebnis war?

Lionel: Ich, äh… keine Ahnung.

Vater: Einige Schüler machten plötzlich mehr Sport und in der Schule wurden sie drastisch besser!

Lionel: Na ja, aber zweimal in der Woche Fußball, das reicht doch, oder?

Vater: Denke auch dran, dass es bewiesen ist, dass Kinder mit einem Fernseher in ihrem Zimmer dicker sind, da diese bei einem gemütlichen Fernsehabend meist eine Tüte Chips oder ein paar Kekse in der Hand haben. Nein, mein Sohn, ich erlaube nicht, dass du einen eigenen Fernseher im Zimmer hast!

Lionel: Papa, ich verstehe ja deine Ängste. Das mit dem Dick-Werden, den schlechteren Schulleistungen und der Suchtgefahr. Könnte ich dann aber vielleicht einen Internetzugang bekommen? Dann kann ich auch immer die Nachrichten nachlesen.

Vater: Darüber können wir später mit Mama reden, okay?

Lionel: Okay. Vielleicht könntet ihr auch meine Fernsehzeit am Familienfernseher ein bisschen erhöhen? Ich bin doch jetzt schon 15.

Vater: Okay, auch darüber lass uns später mit deiner Mutter reden.

Lionel: Super, danke!

Hören Teil 4

36 ⊚

Moderator: Hallo und willkommen bei unserer Sendung „Pro und Kontra". Bei mir im Studio sitzen heute zwei Lehrer von der Anne Frank-Schule in Hameln, Frau Rethmann und Herr Süßer. Herzlich willkommen!

Frau Rethmann: Vielen Dank!

Herr Süßer: Danke und hallo!

Moderator: Sie beide unterrichten Schüler aus der Oberstufe. Sicherlich kommt es in Ihren Klassen häufiger vor, dass ein oder zwei Schüler ein Jahr im Ausland verbringen möchten. Frau Rethmann, was halten Sie von einem Schuljahr in England, Amerika oder Frankreich?

Frau Rethmann: Generell finde ich, dass es eine tolle Sache ist. Die Schüler bekommen internationale Kontakte und können andere Länder und fremde Kulturen genau kennenlernen. Und dann der Vorteil, eine Fremdsprache deutlich zu verbessern. Dazu haben sie eine einmalige Chance!

Moderator: Aber es gibt auch Nachteile, denn vielleicht muss der Schüler oder die Schülerin hinterher eine Klasse wiederholen. Wie sehen Sie das, Herr Süßer?

Herr Süßer: Ja, ich sehe genau in diesem Punkt die Schwierigkeit! Oft ist das Schulsystem in anderen Ländern ganz anders als in Deutschland. Der Schüler lernt in England oder Amerika – wo immer er sein Auslandsjahr macht – ganz andere Dinge als seine Klassenkameraden in Deutschland. Er verpasst in einem Jahr so viel Stoff, dass er das Schuljahr wiederholen muss.

Moderator: Aber ist es so schlimm, eine Klasse zu wiederholen?

Herr Süßer: Na ja, man muss wissen, was einem wichtiger ist: Wenn man die Klasse wiederholen muss, bekommt man auch andere Klassenkameraden. In der Regel sind sie auch jünger. Es ist für einen älteren Schüler nicht immer leicht, sich in der Klasse darunter gut einzuleben. Die alten Schulfreunde sind jetzt alle eine Stufe höher. Man muss einfach überlegen, ob das einem die Sache wert ist. Ich sage immer: Ein Jahr im Ausland kann man auch wunderbar nach der Schule machen, wenn man seinen Schulabschluss sicher in der Tasche hat. Dann ist der Jugendliche auch reifer.

Frau Rethmann: Ich kann immer wieder beobachten, dass Schüler oder Schülerinnen, die ein Jahr lang im Ausland waren, selbstständiger und verantwortungsbewusster nach Hause zurückkommen. Sie haben ein Jahr lang in einer fremden Familie, in einem fremden Land gelebt und mussten sich ganz alleine durchschlagen. Das hat sie erwachsener gemacht.

Moderator: Ist denn ein Auslandsjahr für die Entwicklung jedes Schülers gut?

Frau Rethmann: Nein, das würde ich nicht in jedem Fall sagen. Man braucht schon Mut, um ein Jahr oder auch nur ein paar Monate in einem fremden Land, weit entfernt von der Familie, zu leben. Einige Jugendliche können sich das gut vorstellen. Sie sind neugierig und haben auch keine Hemmungen, eine fremde Sprache zu sprechen. Andere aber sind unsicher und haben Angst davor, von ihrer Familie getrennt zu sein. Das ist überhaupt nicht schlimm und ich kann diese Jugendlichen gut verstehen; ihnen würde ich aber von einem Auslandsjahr abraten.

Herr Süßer: Ja, mit Heimweh kann das Jahr zur Hölle werden! Und das ist wirklich schade. Ich habe schon mehrere Schüler gehabt, die ihr Auslandsjahr abgebrochen haben. Sie kamen oft mit den anderen Lebensgewohnheiten nicht zurecht oder hatten zu großes Heimweh. Das ist frustrierend und sehr schade. Ich wünsche natürlich allen Jugendlichen, dass sie im Ausland nur tolle Erlebnisse haben und interessante Erfahrungen mit dem Land, den Leuten und mit der Sprache machen!

Moderator: Die Sprache! Ja, das ist doch auch toll: Wenn die Schüler zurückkommen, sprechen sie perfekt Englisch oder Französisch. Das ist doch ein großer Vorteil für sie in der Schule! Wahrscheinlich müssen sie für das Fach gar nicht mehr lernen.

Herr Süßer: Ja, natürlich, das ist super! Wir Sprachlehrer schaffen es nicht, unseren Schülern die Sprache so perfekt beizubringen!

Moderator: Abschließend möchte ich also sagen, dass sich jeder gut überlegen sollte, ob er während der Schulzeit ein ganzes Jahr ins Ausland gehen möchte. Wir haben im Gespräch eben gehört, dass es Vor- und Nachteile gibt. Ich möchte mich an dieser Stelle bei meinen Gesprächspartnern für das Gespräch bedanken. Bis zum nächsten Mal, haben Sie noch einen schönen Tag! Ihr Matthias Loehrs.

Transkriptionen

Modelltest 5

Hören Teil 1

37

Beispiel: Du hörst folgende Nachricht auf deiner Mailbox.

Hallo Resi, hast du mal aus dem Fenster geguckt? Es regnet in Strömen! Ich glaube, wir können unseren Ausflug in die Berge vergessen. Alle Wege sind jetzt rutschig und wir werden klitschenass. Was meinst du? Hast du eine Alternative? Was können wir bei diesem Regen machen? Ich habe Andreas und Martin schon angerufen, aber sie wissen auch nichts. Ich habe keine große Lust, heute schon wieder ins Kino zu gehen. Melde dich doch mal, wenn du die Nachricht hörst. Bis nachher!

38

Text 1: Du hörst folgende Nachricht auf eurem Anrufbeantworter zu Hause.

Hallo, ich bin's, Tante Käthe! Hört mal ihr Lieben, ich kann heute leider nicht zu euch zu Besuch kommen. Stellt euch vor, ich war gerade fertig und wollte zum Bus gehen, da klingelt es an meiner Tür und meine Freundin Luise steht davor. „Hallo Käthe", sagt sie und marschiert einfach ins Haus. – Ihr seht, mir ist etwas Dummes passiert: Ich habe den Bridge-Nachmittag mit meinen Freundinnen vergessen! Jetzt muss ich schnell zum Bäcker und Kuchen holen. Luise kocht schon Kaffee. Ich melde mich in den nächsten Tagen bei euch, tschüs.

39

Text 2: Du hörst eine Durchsage in der Schule.

Liebe Schüler und Schülerinnen, wir möchten euch auf einen Lesewettbewerb hinweisen, der am 04. Februar hier in unserer Schule stattfinden wird. Alle Schüler der 5. bis 9. Klassen dürfen daran teilnehmen. Bitte sucht euch einen Text von maximal 1000 Wörtern aus einem Buch eurer Wahl aus. Diesen Text sollt ihr einer Jury vorlesen. Die Jury besteht aus Schülern der Oberstufe und Lehrern. Wer die Jury überzeugen kann und seinen Text spannend und mit viel Ausdruck vorliest, kann tolle Preise gewinnen. Ach, und noch eins: Jeder teilnehmende Schüler bekommt ein Taschenbuch als kleines Dankeschön!

40

Text 3: Du hörst folgende Nachricht auf deiner Mobilbox.

Hallo Nina, du wolltest doch das Rezept von meinem Nusskuchen haben. Es ist ganz einfach, denn es hat nur drei Zutaten. Hier ist es! Schreib mit: Du brauchst nur 5 Eier, 250 g Puderzucker und 250 g gemahlene Haselnüsse. Die Eier musst du mit dem Puderzucker circa 10 Minuten schaumig rühren. Danach gibst du vorsichtig die Haselnüsse dazu. Das ganze gut mischen und in eine Kuchenform geben. Die Kuchenform solltest du mit Backpapier auslegen, damit der Kuchen nicht anklebt. Jetzt den Kuchen im Ofen bei 160 °C ungefähr 45 Minuten backen. Das ist alles. Guten Appetit!

41

Text 4: Du hörst eine Durchsage im Radio.

Liebe Hörerinnen und Hörer, Autofahrer dürfen sich an diesem Wochenende auf eine Fahrt ohne viele Staus freuen. Das Wetter könnte den Autofahrern allerdings einen Strich durch die Rechnung machen: Plötzlicher Regen, auftretender Nebel, überfrierende Nässe oder Schnee sind jetzt keine Seltenheit mehr. Daher gilt es an die Winterausrüstung für Ihr Auto zu denken: Wer bei winterlichen Straßenverhältnissen auf Deutschlands Straßen ohne Winterreifen oder Ganzjahresreifen fährt, riskiert nämlich ein Bußgeld von mindestens 40 Euro.

42

Text 5: Du hörst folgende Durchsage in der Schule.

Liebe Schülerinnen und Schüler!

In der Klasse 9A ist heute Morgen ein Schulrucksack verschwunden. Es handelt sich um einen blauen Eastpak-Rucksack mit einer grünen Tasche. Der Rucksack ist aus dem leeren Klassenzimmer verschwunden. Die Klasse war zu der Zeit in der Sporthalle. Hat vielleicht jemand den Rucksack gesehen? Oder hat jemand eine Person gesehen, die heute Morgen zwischen 8:00 und 9:00 Uhr in der Klasse 9A war oder aus der Klasse kam? Wer etwas Auffälliges beobachtet hat, der melde sich bitte dringend im Schulsekretariat. Vielen Dank für eure Mitarbeit!

Hören Teil 2

43

Hallo, ich freue mich, dass ich euch heute hier in unserem Hochseilgarten begrüßen darf. Mein Name ist Klaus Hintermann, ich bin ausgebildeter Outdoor-Trainer und begleite euch mit weiteren Trainern bei eurem Kletterabenteuer. Zuerst gebe ich euch eine kleine Einführung und danach könnt ihr losklettern. Das Wichtigste ist die Sicherheit! Ihr bekommt alle einen Klettergurt und Handschuhe und bei uns müsst ihr auch einen Helm tragen.

Ich sehe, dass ihr alle sportliche Kleidung anhabt, das ist gut. Die Schuhe müssen geschlossen und fest sein – das ist, wie ich sehe, auch kein Problem. Ich möchte euch darauf aufmerksam machen, dass eure Kleidung unter Umständen auch schmutzig werden oder zerreißen kann. Aber das passiert nur selten. Lange Haare müssen mit einem Haargummi zusammengebunden werden. Ich muss euch auch bitten, Ohrringe, Ohrstecker und Piercings abzulegen. Uhren, Ringe, Ketten und Armreifen müssen aus Sicherheitsgründen ebenfalls abgelegt werden. Jeder, der bei uns klettert, muss einen Klettergurt tragen. Egal ob Profi oder Anfänger. Der Gurt besteht aus einem Brustgurt und einem Hüftgurt. Das Anlegen des Gurtes ist recht einfach. Das trainieren wir anschließend an unserer Übungsstation am Boden. Hier am Ende habt ihr zwei Karabiner. Wichtig ist, dass ihr immer mit beiden Karabinern eingehängt bleibt.

In Fünfergruppen klettert ihr bis auf 15 Meter hoch. Ihr werdet dabei immer von einem Gruppen-Trainer begleitet. Wir haben hier fünf sogenannte Parcours in unterschiedlichen Schwierigkeitsgraden. Jeder Parcours hat eine andere Farbe. Wir klettern heute nur den gelben, blauen und roten Parcours. Der braune und der schwarze sind die schwierigsten, also nur für erfahrene Kletterer geeignet.

Natürlich kann es passieren, dass ihr plötzlich nicht mehr weiterkommt. Falls ihr Unterstützung und Hilfe braucht, ist euer Trainer schnell bei euch und hilft euch weiter. Wenn es gar nicht mehr weitergeht, bringt euch der Trainer sicher zu Boden.

Das Ziel eures Abenteuers ist es, die eigenen Grenzen zu erfahren und Angst zu überwinden. Dabei müsst ihr Strategien entwickeln, wie ihr am besten die Parcours und alle Hindernisse bewältigt. Es ist eine Herausforderung, aber es macht Spaß und ihr lernt, im Team zu arbeiten und euch gemeinsam zu unterstützen.

Jetzt gehen wir zusammen zu unserer Übungsstation und dann heißt es: Helme auf, Gurte anlegen – und auf geht's in die Höhe!

Hören Teil 3

44

Nadine: Mama, ich möchte dieses Jahr mit Katharina und Bea alleine in den Urlaub fahren.
Mutter: Das kommt gar nicht in Frage, Nadine. Du bist viel zu jung! Was ist, wenn euch etwas passiert?
Nadine: Ach, Mama, was soll uns denn passieren? Komm, ich bitte dich!
Mutter: Nadine, was ist, wenn irgendetwas schief läuft? Wenn etwas mit der Hotelbuchung nicht stimmt oder das Hotelzimmer verdreckt ist und ihr etwas reklamieren müsst? Was ist, wenn die Bahn oder der Flug ausfällt?

Nadine: Ach, wir sind doch zu dritt. Das schaffen wir schon! Wir helfen uns gegenseitig. Und außerdem sind wir keine Babys mehr. Wir werden langsam erwachsen! Wir müssen doch endlich lernen, selbst Verantwortung zu übernehmen und ohne die guten Ratschläge und Tipps der Eltern auszukommen. – Mama, ich bin schon groß!
Mutter: Ja aber, ich weiß nicht… Was sagen denn die Eltern von Bea und Katharina?
Nadine: Beas Eltern haben kein Problem. Sie erlauben Bea den Urlaub. Katharina muss noch fragen. Mama, bitte! Ein Urlaub mit Freunden und ohne Eltern macht einfach mehr Spaß! Niemand sagt uns, was wir machen müssen. Wir können endlich selbst entscheiden, wann wir aufstehen, an den Strand gehen oder eine Wanderung machen wollen. Mama, das musst du doch verstehen!
Mutter: Hm, ja schon. Das verstehe ich. Aber was ist, wenn jemand von euch krank wird?
Nadine: Dann pflegen wir ihn!
Mutter: Und was ist, wenn euer Geld nicht reicht?
Nadine: Das muss reichen! Wir teilen uns das Geld doch ein. Mama, wir sind doch nicht dumm! Wir wissen schon, dass du oder Papa nicht da seid, um uns im Notfall Geld zu geben.
Mutter: Ich mache mir eben Sorgen, Nadine.
Nadine: Das musst du nicht. Wir haben doch unsere Handys. Wenn du unruhig bist, rufst du mich einfach an, okay?
Mama: Na ja… Okay!
Nadine: Jippie! Mama, heißt das etwa, ich darf fahren?
Mama: Nein, Moment. Ich möchte noch mit Papa darüber sprechen, aber wenn der einverstanden ist: Mmm, ja!
Nadine: Oh Mama, du bist die Beste! Und glaube mir, selbst wenn im Urlaub etwas schief läuft, sind wir doch alt genug, um mit der Situation klarzukommen. Wir wissen schon, wo wir Hilfe holen können, wenn es notwendig ist.
Mama: Ach ja, mein kleines, großes Mädchen!

Hören Teil 4

45

Moderator: Hallo und willkommen bei unserer Sendung „Pro und Kontra". Heute haben wir ein sehr brisantes Thema, das besonders Schüler gerne diskutieren. Es geht um das Handyverbot an Schulen. Im Land Bayern sind Handys generell an allen Schulen verboten. An Schulen in anderen Bundesländern ist das unterschiedlich. Nicht alle Schulen haben ein Handyverbot. Ich habe zwei Gäste im Studio, mit denen ich über das Thema reden möchte. Kai ist Schülersprecher

Transkriptionen

am Kepler-Gymnasium in Chemnitz und Sarah ist Schülersprecherin an der Gesamtschule Emsland. Herzlich willkommen!

Kai: Hallo!

Sarah: Hallo!

Moderator: Kai, was sagst du? Ist es richtig, Handys an Schulen zu verbieten?

Kai: Nein, das finde ich nicht richtig. Wir Schüler wachsen mit diesen elektronischen Geräten auf. Wir bekommen SMS, surfen im Internet und haben auch unseren Kalender im Handy. Gerade in der Schule, wo wir viele Termine haben, dürfen wir das Handy nicht benutzen? Kein Manager würde heutzutage auf die Kalenderfunktion seines Smartphones verzichten wollen und dafür wieder Zettel und Stift benutzen. Das ist realitätsfremd! In einer modernen Schule müssen auch Handys erlaubt sein.

Moderator: Was sagst du, Sarah?

Sarah: Ich hätte nichts gegen Handys in der Schule, wenn sie den Unterricht nicht so stören würden. Es gibt immer wieder ein paar Leute in der Klasse, die vergessen, den Ton ihres Handys auszustellen. Und dann macht es im Unterricht ständig „Kling" oder „Ping", wenn eine SMS kommt. Das nervt! Auch wenn ein Handy nur in der Tasche vibriert, stört es nicht nur den einzelnen Schüler, sondern die ganze Klasse und den Lehrer.

Moderator: Viele Schüler versuchen ihr Handy auch bei Klassenarbeiten zu benutzen. Sie suchen sich schnell mit einem Klick die Information aus dem Internet, die sie vergessen haben.

Sarah: Ja, nur wenn man das Handy zum Schummeln in einer Klassenarbeit nimmt, ist es doch ungerecht für alle anderen, die gelernt haben. Außerdem betrügt man sich selbst: Abschreiben kann jeder! Das ist keine Kunst!

Moderator: Fast alle Handys haben heutzutage eine schnelle Internetverbindung und Jugendliche können überall und wann immer sie wollen im Internet surfen. Wie findest du das Kai?

Kai: Ich finde das nur positiv. Es ist doch toll, dass ich nach der Schule, wenn ich an der Bushaltestelle stehe, mit dem Handy ins Internet kann. Dann kann ich schon mal lesen, was so in der Welt passiert und wenn ich zu Hause bin, kann ich mich auf meine Hausaufgaben konzentrieren.

Sarah: Es gibt noch einen guten Grund für ein Verbot von Handys in Schulen: Wenn man etwas lernt, benötigt das Gehirn danach eine Ruhepause. Nur dann kann es das Gelernte gut abspeichern. Bekommt das Gehirn keine Ruhepause, vergisst man alles viel schneller.

Kai: Das ist doch Quatsch!

Sarah: Nein, ist es nicht. Was meinst du, warum es in Schulen Pausen gibt? Diese sind nicht nur zum Essen da, sondern tatsächlich auch als Erholung vom Unterricht. Wenn man aber sein Gehirn auch in den Pausen anstrengt, etwa durch Recherchieren im Internet oder Schreiben von Messages, vergisst man viel schneller, was man vorher gelernt hatte. Dadurch wird der ganze Schulalltag anstrengender und man bekommt immer schlechtere Noten.

Moderator: Und wie ist es in den Pausen mit den Mitschülern? Kann man miteinander ins Gespräch kommen und Freundschaften pflegen? Oder wird nur noch miteinander per Handy gespielt, gechattet oder Musik gehört?

Kai: Ich finde schon, dass Handys auch verbinden. Ich kann zum Beispiel gemeinsam mit einem Freund ein Spiel spielen. Wir tauschen Informationen oder unterhalten uns über die neuesten Apps.

Sarah: Ich finde es blöd, wenn alle mit ihren Handys im Kreis auf dem Schulhof stehen und auf den Tasten rumdrücken. Wenn Schüler in den Pausen nur mit ihrem Handy beschäftigt sind, kümmern sie sich nicht sehr um ihre Mitschüler. Entweder sie tauschen Bilder oder Videos aus oder sie schreiben sich mit Freunden außerhalb der Schule. Die Gespräche mit meinen Klassenkameraden in der Pause sind mir sehr wichtig. Wir haben viele Themen, die wir auf dem Schulhof besprechen. Unsere Handys stören dabei nur!

Moderator: Noch eine letzte Frage. Handys und Smartphones sind heutzutage ein Statussymbol. Wer hat das schönste, neueste, coolste? Nicht jeder kann sich ein teures Handy leisten. Kann es da in der Schule Probleme geben?

Sarah: Ja, ganz bestimmt!

Kai: Aber nein, das ist doch dumm. Den Schülern sollte doch klar sein, dass die Persönlichkeit eines Menschen wichtig ist und nicht sein Geldbeutel oder der seiner Eltern.

Moderator: Vielen Dank euch beiden für das interessante Interview. Liebe Zuhörer, unsere Zeit ist leider um und ich hoffe, Sie hören auch nächste Woche wieder rein. Bis dahin sage ich „tschüs", Ihr Simon L.

Lösungen

Modelltest 1

Lesen Teil 1
1. R; 2. F; 3. F; 4. F; 5. R; 6. F
Lesen Teil 2
7. b; 8. c; 9. b; 10. a; 11. c; 12. b
Lesen Teil 3
13. j; 14. d; 15. h; 16. e; 17. b; 18. f; 19. 0
Lesen Teil 4
20. N; 21. J; 22. N; 23. N; 24. J; 25. J; 26. N
Lesen Teil 5
27. c; 28. b; 29. a; 30. c

Hören Teil 1
1. R; 2. a; 3. R; 4. b; 5. F; 6. a; 7. R; 8. c; 9. R; 10. a
Hören Teil 2
11. b; 12. a; 13. b; 14. a; 15. c
Hören Teil 3
16. R; 17. R; 18. F; 19. R; 20. R; 21. F; 22. F
Hören Teil 4
23. c; 24. c; 25. b; 26. a; 27. b; 28. c; 29. b; 30. a

Modelltest 2

Lesen Teil 1
1. F; 2. R; 3. R; 4. F; 5. R; 6. R
Lesen Teil 2
7. a; 8. c; 9. b; 10. c; 11. b; 12. c
Lesen Teil 3
13. j; 14. i; 15. c; 16. 0; 17. b; 18. a; 19. g
Lesen Teil 4
20. N; 21. J; 22. J; 23. N; 24. J; 25. J; 26. N
Lesen Teil 5
27. c; 28. b; 29. c; 30. a

Hören Teil 1
1. R; 2. c; 3. F; 4. b; 5. R; 6. a; 7. F; 8. c; 9. R; 10. b
Hören Teil 2
11. c; 12. a; 13. c; 14. b; 15. a
Hören Teil 3
16. R; 17. R; 18. F; 19. R; 20. R; 21. F; 22. F
Hören Teil 4
23. c; 24. c; 25. b; 26. a; 27. c; 28. b; 29. c; 30. a

Modelltest 3

Lesen Teil 1
1. F; 2. F; 3. R; 4. R; 5. R; 6. F;
Lesen Teil 2
7. b; 8. b; 9. a; 10. c; 11. a; 12. b
Lesen Teil 3
13. 0; 14. g; 15. a; 16. b; 17. d; 18. i; 19. e
Lesen Teil 4
20. J; 21. N; 22. J; 23. N; 24. N; 25. J; 26. J
Lesen Teil 5
27. b; 28. c; 29. c; 30. a

Hören Teil 1
1. R; 2. a; 3. F; 4. b; 5. R; 6. b; 7. F; 8. c; 9. R; 10. c
Hören Teil 2
11. a; 12. c; 13. c; 14. c; 15. a
Hören Teil 3
16. R; 17. R; 18. F; 19. R; 20. F; 21. F; 22. R
Hören Teil 4
23. c; 24. c; 25. c; 26. b; 27. a; 28. b; 29. a; 30. c

Modelltest 4

Lesen Teil 1
1. R; 2. F; 3. F; 4. R; 5. F; 6. R
Lesen Teil 2
7. a; 8. b; 9. c; 10. c; 11. c; 12. a
Lesen Teil 3
13. d; 14. i; 15. b; 16. e; 17. j; 18. 0; 19. f
Lesen Teil 4
20. J; 21. N; 22. N; 23. N; 24. J; 25. J; 26. J
Lesen Teil 5
27. a; 28. a; 29. a; 30. c

Hören Teil 1
1. F; 2. b; 3. R; 4. a; 5. F; 6. c; 7. F; 8. c; 9. R; 10. a
Hören Teil 2
11. b; 12. b; 13. c; 14. b; 15. a
Hören Teil 3
16. R; 17. R; 18. F; 19. F; 20. F; 21. R; 22. F
Hören Teil 4
23. a; 24. c; 25. c; 26. c; 27. b; 28. b; 29. c; 30. a

Modelltest 5

Lesen Teil 1
1. F; 2. R; 3. R; 4. F; 5. F; 6. R
Lesen Teil 2
7. a; 8. c; 9. a; 10. a; 11. b; 12. c
Lesen Teil 3
13. g; 14. 0; 15. e; 16. b; 17. d; 18. a; 19. c
Lesen Teil 4
20. J; 21. N; 22. J; 23. J; 24. N; 25. N; 26. J
Lesen Teil 5
27. b; 28. b; 29. a; 30. c

Hören Teil 1
1. R; 2. a; 3. F; 4. a; 5. F; 6. b; 7. R; 8. a; 9. F; 10. c
Hören Teil 2
11. c; 12. b; 13. a; 14. b; 15. a
Hören Teil 3
16. R; 17. F; 18. F; 19. R; 20. R; 21. F; 22. R
Hören Teil 4
23. a; 24. b; 25. c; 26. a; 27. b; 28. c; 29. b; 30. b

Trackliste

Track	Aufgabe	Länge
1	Modelltest 1 Hören Teil 1, Beispiel	1:27
2	Modelltest 1 Hören Teil 1, Text 1	1:13
3	Modelltest 1 Hören Teil 1, Text 2	0:45
4	Modelltest 1 Hören Teil 1, Text 3	1:04
5	Modelltest 1 Hören Teil 1, Text 4	0:56
6	Modelltest 1 Hören Teil 1, Text 5	0:59
7	Modelltest 1 Hören Teil 2	3:26
8	Modelltest 1 Hören Teil 3	3:11
9	Modelltest 1 Hören Teil 4	5:13
10	Modelltest 2 Hören Teil 1, Beispiel	1:10
11	Modelltest 2 Hören Teil 1, Text 1	1:06
12	Modelltest 2 Hören Teil 1, Text 2	0:54
13	Modelltest 2 Hören Teil 1, Text 3	1:06
14	Modelltest 2 Hören Teil 1, Text 4	1:03
15	Modelltest 2 Hören Teil 1, Text 5	1:30
16	Modelltest 2 Hören Teil 2	2:35
17	Modelltest 2 Hören Teil 3	2:31
18	Modelltest 2 Hören Teil 4	5:10
19	Modelltest 3 Hören Teil 1, Beispiel	1:06
20	Modelltest 3 Hören Teil 1, Text 1	0:55
21	Modelltest 3 Hören Teil 1, Text 2	1:10
22	Modelltest 3 Hören Teil 1, Text 3	0:59
23	Modelltest 3 Hören Teil 1, Text 4	1:08
24	Modelltest 3 Hören Teil 1, Text 5	1:14
25	Modelltest 3 Hören Teil 2	3:55

Track	Aufgabe	Länge
26	Modelltest 3 Hören Teil 3	3:47
27	Modelltest 3 Hören Teil 4	5:40
28	Modelltest 4 Hören Teil 1, Beispiel	1:15
29	Modelltest 4 Hören Teil 1, Text 1	1:05
30	Modelltest 4 Hören Teil 1, Text 2	1:04
31	Modelltest 4 Hören Teil 1, Text 3	1:07
32	Modelltest 4 Hören Teil 1, Text 4	1:05
33	Modelltest 4 Hören Teil 1, Text 5	1:03
34	Modelltest 4 Hören Teil 2	3:19
35	Modelltest 4 Hören Teil 3	3:35
36	Modelltest 4 Hören Teil 4	5:31
37	Modelltest 5 Hören Teil 1, Beispiel	1:11
38	Modelltest 5 Hören Teil 1, Text 1	1:04
39	Modelltest 5 Hören Teil 1, Text 2	1:18
40	Modelltest 5 Hören Teil 1, Text 3	1:08
41	Modelltest 5 Hören Teil 1, Text 4	1:07
42	Modelltest 5 Hören Teil 1, Text 5	1:15
43	Modelltest 5 Hören Teil 2	3:29
44	Modelltest 5 Hören Teil 3	3:12
45	Modelltest 5 Hören Teil 4	5:42
	gesamt	**93:43**

> **!** In der Prüfung werden die Texte aus Hören Teil 1 und Hören Teil 4 jeweils zweimal gehört. Diese Wiederholungen sind nicht in den Audios. Um die Prüfungssituation zu simulieren, musst du daher das Audio zweimal abspielen.
> Auch die Zeit zum Lesen der Aufgaben ist in der Prüfung länger als die Pausen in den Audios. Bei Hören Teil 1 hast du jeweils 10 Sekunden Zeit, um die Aufgabe zu lesen; bei den Teilen 2, 3 und 4 jeweils eine Minute.